Gisela Haasen

Selbstcoaching für Frauen

Gisela Haasen

Selbstcoaching für Frauen

Wie Sie sich
in schlechten Zeiten motivieren

Kösel

© 2004 by Kösel-Verlag GmbH & Co., München
Printed in Germany. Alle Rechte vorbehalten
Druck und Bindung: Kösel, Kempten
Umschlag: 2005 Werbung, München
Umschlagmotiv: imagedirekt
ISBN 3-466-30647-7

Inhalt

Packen Sie Ihr Potenzial aus!   9

Entwicklung – ein lebenslanger Prozess mit vielen
Umwegen 10
Rückschau halten und Neues dazulernen 11
Treibminen erkennen und »Altlasten« entsorgen 13

Station 1

Ihre Lebenskraft und Ihr inneres Wissen 17

Kurzer Rückblick in Ihre Kindheit 19
Grenzen des Selbstcoachings 21

Station 2

Beziehungen haben – Beziehungen
gestalten 23

Kurzer Rückblick in Ihre Kindheit 24
Die sieben Beziehungsbedürfnisse 25

Beziehungsbedürfnisse in Kontakt bringen 29
Grenzen des Selbstcoachings 35

Station 3

Die Schatzkammer 37

Kurzer Rückblick in Ihre Kindheit 38
Schätze bergen und Ideen realisieren 38
Grenzen des Selbstcoachings 42

Station 4

Gewinner- und Verlierer-Drehbücher 43

Vier Grundpositionen der Lebensgestaltung 44
Kurzer Rückblick in Ihre Kindheit 48
Wenn das Wörtchen »wenn« nicht wär! 50
Mini-Dramen des Alltags 53
Grenzen des Selbstcoachings 58

Station 5

»Kopfbewohner« 59

Wie »Kopfbewohner« entstehen und warum sie oft viel
Macht über unsere Gedanken haben 60
Kurzer Rückblick in Ihre Schulzeit 61
Grenzen des Selbstcoachings 66

Station 6
Gaspedal und Bremse.................. 67

Altes kämpft gegen Neues 69
Kurzer Rückblick in die Zeit Ihrer Pubertät.......... 70
Wege aus Sackgassen und Zwickmühlen........... 72
Unsicherheit und Selbstzweifel – wann zeigen, wann nicht? 73
Rollen und Rollenvermischungen 77
Grenzen des Selbstcoachings 78

Zwischen zwei Stationen
Tipps und Tricks
oder »Wie machen's die anderen?« 79

Station 7
Aktiv Probleme lösen – Entscheidungen
fällen 81

Kennen Sie Ihre Vermeidungsstrategien?........... 82
Ausstieg aus den Vermeidungsstrategien........... 85
Die Qual der Wahl: Auswahl unter mehreren Alternativen
treffen 90
Grenzen des Selbstcoachings 95

Station 8
Ziele verfolgen – Zeitstrukturen erstellen ... 97

Etappenziele 98

Keine Zeit.................................. 101
Grenzen des Selbstcoachings 109

Station 9
Der Blick auf die anderen 111

Vier Persönlichkeitstypen.................... 112
Reaktionsweisen in Auseinandersetzungen und bei
Bedrohung 121
Typgerechte und erfolgreiche Konfliktlösungsstrategien .. 123
Grenzen des Selbstcoachings 127

Station 10
Gelassenheit und Zusammenschau....... 129

Rückblick................................. 130
Grenzen des Selbstcoachings 132

Die letzte Seite........................ 133

Anmerkungen zu den einzelnen Stationen.......... 135
Literatur................................. 139
Netzwerke und Beratungsstellen 141

Packen Sie Ihr Potenzial aus!

Jedes Mal, wenn Sie in einer Krise sind oder wenn es irgendwie »hakt«, wenn wieder mal ein »Durchhänger« Ihre Energien blockiert, haben Sie die Wahl. Sie können die Dinge auf Ihre alte, mehr oder weniger bewährte Weise lösen, also so weitermachen wie bisher. Oder Sie nutzen die Chance einer Krise, indem Sie Ihre alten Handlungsmuster hinterfragen, sich nach nützlichen Alternativen umschauen und nach neuen Wegen suchen.

Neue Wege suchen heißt, auf Entdeckungsreise nach den verborgenen Schatzkammern zu gehen, die Sie noch unerkannt in sich tragen, und das Potenzial hervorzubringen, das in Ihnen schlummert. Der beste Weg zu den inneren Ressourcen, also den verborgenen Schatzkammern, ist der, sich selbst besser kennen zu lernen. Denn je besser Sie sich selbst kennen, sich Ihre geheimen Motive, Träume und Wünsche eingestehen, Ihre inneren Blockaden, Empfindlichkeiten und Ängste einordnen können, umso erfolgreicher können Sie sich durch schwierige Lebenssituationen dahin steuern, wohin Sie wirklich wollen.

> **Tipp**
>
> **Was ist Selbstcoaching?**
>
> Selbstcoaching bedeutet, sich selbst wohlwollend, aktiv und erfolgreich durch die »Ups und Downs« des Lebens zu führen.
> Sich selbst optimal zu coachen heißt, dass Sie
>
> - in der Lage sind, Ihre Lebensqualität zu optimieren. Das bedeutet, in Zeiten von Mutlosigkeit auf die inneren Kraftquellen zurückgreifen und sich positiv motivieren zu können;
> - einen ausreichenden Vorrat an konstruktiven Handlungsmustern für komplizierte Situationen zur Verfügung haben;
> - die Fähigkeit entwickeln, auf die Lösung von schwierigen Situationen konstruktiv, verantwortungsbewusst und ohne unnötigen Energieverlust zuzugehen;
> - fähig sind, sich in schwierigen Situationen, in Konflikten und Problemen zu entscheiden, ob Sie sie alleine lösen können oder Hilfe von außen nötig ist.

Entwicklung – ein lebenslanger Prozess mit vielen Umwegen

Menschen entwickeln sich. Nicht nur in der Kindheit und Pubertät, sondern lebenslang. Sich nicht mehr entwickeln hieße Stillstand, Stagnation. Denn Leben ist Bewegung und Prozess.

Ent-wicklung, Loslösung von alten Phasen, Lebensplänen und -mustern und der Übergang in neue geht meistens mit Krisen einher, mit Blockaden, Angst und Unruhe, Minderwertigkeitsgefühlen, Selbstzweifeln und dem Gefühl, nicht mehr weiter zu wissen. »Ich purzele von einer Krise in die nächste«, meinte einmal eine Klientin. »Ist das eigentlich normal?« Ja, Krisen sind normal, Krisen hat jeder. Ohne Krisen und den damit verbundenen Tiefs gibt es keine Aufschwünge und keine Weiterentwicklung.

In jeder Krise liegt auch die berühmte Chance auf Veränderung, auf Entdeckung und Entwicklung neuer Handlungs- und Lebensmuster.

Rückschau halten und **Neues** dazulernen

Antonia, eine meiner Coaching-Klientinnen, berichtete: »Meine Eltern waren lieb und nett. Sie haben mich gut behandelt, ich durfte den Beruf wählen, den ich wollte. Und sie haben mich auch sonst nicht behindert, sondern vielfach gefördert. Nur streiten durften wir uns nicht zu Hause, weder unter uns Geschwistern noch mit den Eltern. Streiten war ein absolutes Tabu. Und auch heute noch habe ich einen großen Horror vor Streit und Auseinandersetzungen – was aber meiner Karriere absolut nicht förderlich ist und auch meine Partnerschaft belastet.«

Antonias Hindernis für ein erfolgreiches Selbstcoaching war das Einhalten des elterlichen Gebots, nicht zu streiten. Denn wer vor Auseinandersetzungen stets flieht, wird sich in wichtigen Situationen nicht durchsetzen oder behaupten können.

Für Antonia lag demnach die Entwicklungs-Aufgabe darin, »streiten« zu lernen – was sie inzwischen auch erfolgreich eingeübt hat! Um diese neue Lebenseinstellung und ungewohnte Fertigkeit von innen her zu lernen, musste sie auf eine frühe Phase ihrer eigenen Entwicklung zurückblicken und sich mit dem, was sie einmal gelernt hatte, auf eine neue Art auseinander setzen.

Nicht alles, was man in der frühen Zeit des Lebens lernt, taugt für das ganze Leben. Nicht alle erlernten Verhaltensweisen und Richtlinien sind uns als Erwachsene noch wirklich nützlich. Wenn man an den alten Mustern festhält, oder – was viele Menschen ihr Leben lang tun – in innerer Opposition zu den Eltern oder früheren Bezugspersonen lebt, ist der Weg zum optimalen Selbstcoaching durch hohe Hürden verbaut.

In der Kindheit haben Sie gelernt, wie Sie nach Ansicht Ihrer Eltern oder sonstigen Bezugspersonen leben sollten. Als erwachsene Frau können Sie fortlaufend selbst herausfinden und entscheiden, was Sie von den eingeübten Verhaltensmustern und Lebenseinstellungen beibehalten, was Sie verändern und was Sie als überflüssigen Ballast abwerfen wollen. Bei dem Prozess der Auseinandersetzung mit dem früher Erlernten geht es nicht um Schuldzuweisungen an Eltern oder Bezugspersonen, sondern es geht darum herauszufinden, welche Einflüsse aus Kindheit und Jugend Ihnen heute noch nützen und welche nicht.

Finden Sie heraus, welche Erfahrungen aus Ihrer Kindheit Ihnen heute nützen und welche nicht mehr.

Dieses Buch hilft Ihnen dabei, indem es Ihnen Gelegenheit gibt, Ihren bisherigen Lebensweg unter dem Gesichtspunkt Ihrer Entwicklung anzuschauen und brauchbare Alternativen für die Bereiche zu finden, in denen es Ihnen notwendig erscheint.

> **Ilka**, inzwischen Abteilungsleiterin in einem Versicherungskonzern, selbstsicher und erfolgreich mit besten Aussichten auf einen weiteren Karriereschritt, erkannte: »Immer wieder bremse ich mich selbst aus, weil irgendeine Stimme in mir sagt: ›Das und das kannst du doch nicht tun!‹ oder, ganz ätzend: ›Frauen, die erfolgreich sind, gehen mir schrecklich auf die Nerven!‹« Diese und ähnliche »Kopfbewohner« erschwerten ihr die Selbstdurchsetzung und führten auch manchmal zu Konzentrationsstörungen.

Gerade die »Kopfbewohner« sind mächtige, geisterhafte Wesen, die ihren Ursprung in der Kindheit haben. Wie man diese inneren Feinde zu hilfreichen Wesen umprogrammiert, lesen Sie in Station 5.

Treibminen **erkennen** und »Altlasten« **entsorgen**

Spuren oder Restbestände früherer Erlebnisse oder Lebensumstände können die Selbstentfaltung behindern und im späteren Leben für heftige Turbulenzen sorgen. Unangenehme Erlebnisse, belastende Vorkommnisse, die nicht ganz »verdaut«, das heißt verarbeitet wurden, liegen dann als »Altlasten« wie Treibminen von hoher Sprengkraft im Inneren – jederzeit bereit zu explodieren.

Denken, Fühlen und Handeln werden von diesen »Altlasten« beherrscht – und man ist meist nicht mehr in der Lage, den eigenen Weg konsequent und erfolgreich zu beschreiten.

Antonia sagte über ihre »Altlast«, ihre Angst vor Auseinandersetzungen: »Durch das Tabu, das in meiner Kindheit für alles galt, was Streit oder mögliche laute Wortwechsel betraf, blieb ich irgendwie an diese Vergangenheit ›gebunden‹. Und dadurch, dass ich diese Angst vor Auseinandersetzungen für mein eigenes Leben übernommen hatte, blockierte ich mich ja auch in meiner Weiterentwicklung. Das war meine ›Altlast‹.«

Genauso ist es. Wie diese »Gebundenheiten« aussehen, ist individuell unterschiedlich. In den folgenden zehn Abschnitten dieses Buches, die ich »Stationen« genannt habe, werden verschiedenste Möglichkeiten dargestellt, wie Sie sich von Ihren »Altlasten« befreien und »Gebundenheiten« lösen können.

Forschen Sie auf den einzelnen Stationen nach und stellen Sie fest, wo und wann sich auf Ihrem Lebensweg Hindernisse aufgebaut oder

»Altlasten« gebildet haben, die Ihrer Selbstentfaltung und Ihrem beruflichen Weiterkommen im Wege stehen.

> Uta lernte ihre Altlast kennen. Sie sagte: »Immer, wenn ich mit meiner Kollegin spreche, habe ich das Gefühl, meine jüngere Schwester steht vor mir. Und dann fange ich an, die Ältere zu spielen und ihr Ratschläge zu erteilen. Grässlich! Und das passiert einfach, ohne dass ich das eigentlich will.«

Im Coaching fanden wir heraus, dass sie als Kind viel auf ihre Schwester aufpassen musste und ein hohes Maß an Verantwortung tragen musste. Für ein Kind eigentlich zu hoch. Als sie diesen Zusammenhang erkannt hatte, verfiel sie ihrer Kollegin gegenüber nicht mehr in die Rolle der älteren Schwester.

Erkennen Sie die Zusammenhänge!

> Anne, wissenschaftliche Assistentin an einer Universität, fühlte sich fachlich absolut kompetent. Aber das Auftreten und Reden vor Publikum! Sie hatte jedes Mal erneut Horror davor, stand zu Hause vor dem Spiegel und befand: »Wenn ich doch blonde Haare hätte und etwas größer wäre!« Oder sie mäkelte an ihrem Gewicht herum oder zog sich doch lieber etwas anderes an, als sie schon angezogen hatte. Alles dies tat sie aus einem Gefühl heraus: »Ich bin eigentlich nicht richtig so, wie ich bin.«

»Wenn das Wörtchen wenn nicht wär'!« heißt die Station, die sich mit derartigen »Nicht-OK-Gefühlen« beschäftigt. Der Begriff »OK-Gefühl« entstammt den Konzepten der Transaktionsanalyse und dazu werden Sie auf den Seiten 50–58 noch mehr erfahren.

> Hanni hatte nicht die Gelegenheit gehabt, an einer Universität zu studieren, wie sie es eigentlich gewollt hatte. Ihre Eltern verfügten über sie, als es um ihre Berufswahl ging. Ein Studium stand damals nicht zur Diskussion.
>
> Mit ihrer Intelligenz und Tatkraft erarbeitete sie sich in dem Unternehmen, in dem sie ihre Ausbildung absolviert hatte, allmählich eine gut bezahlte, verantwortungsvolle Position. Probleme bekam sie immer wieder in Sitzungen, wenn jemand anderer Ansicht war als sie. Sofort kam ihr die Vorstellung: »Das sagt der nur, weil er weiß, dass ich keine Akademikerin bin!« Dieser Gedanke wurde manchmal, wenn die vermeintlichen Gegner stark waren, zu einer Art Selbstläufer, zur fixen Idee. Sie neigte dann dazu, aggressiv zu reagieren und in eine Verteidigungsstrategie zu verfallen, die der Situation nicht mehr angemessen war oder aber sich in Schweigen zu hüllen und über das Vorgefallene nachzugrübeln.

Vielleicht kennen Sie solche Reaktionen auch bei sich?

Station 2, *Beziehungen haben – Beziehungen gestalten*, bietet Lösungen für Situationen an, die der von Hanni ähneln.

Was finden Sie in diesem Buch?

In zehn Abschnitten – Stationen genannt – finden Sie Anregungen dafür, wie Sie

- Ihre eigene Vergangenheit auf ihre Bedeutung für Ihr jetziges Leben hinterfragen können: »Ist das, was ich einmal gelernt habe, auch heute noch für mich nützlich?«
- sich selbst fortlaufend in Ihrem Leben für neue Aufgaben motivieren können
- (überholte) alte Lebensregeln hinterfragen und für sich selber in Ihrem Sinn neu definieren
- es sich erleichtern können, sich eigene Ziele zu setzen und diese dann auch wirklich zu erreichen.
- Und ganz allgemein: Anregungen dazu, wie Sie »Ja« zu sich selbst, zu Ihren Fähigkeiten und zu Ihrem Leben sagen – auch in schwierigen Zeiten.

Station 1

Ihre Lebenskraft und Ihr inneres Wissen

Stellen Sie sich diese Station als Ihren Urgrund vor, aus dem Sie Ihre Kraft schöpfen. Wie das kompliziert aufgebaute Wurzelgeflecht Ihres Lebensbaums, das sich fortlaufend aus der Natur all das holt, was Sie für Ihr psychisches und körperliches Wohlbefinden benötigen.

Dies ist die Tiefenschicht des heilenden Ausgleichs, die Schicht des Instinkts und des Wissens um innere Zusammenhänge. So wie Ihr Körper heilende Kräfte entwickelt, wenn Sie sich verletzt haben, entwickelt Ihre seelische Tiefenschicht heilende, ausgleichende und integrierende Kräfte, wenn Sie in Krisen heftig durcheinander geraten.

Dieser unbewussten Tiefenschicht entspringt nicht nur Ihre Lebenskraft, sondern auch Ihr inneres Wissen, nämlich die Gewissheit über Dinge, die man in Worten manchmal gar nicht gut erklären kann.

Was hat diese Station mit Ihrem Job zu tun? Das Leben heute ist stressiger als früher. Daran besteht kein Zweifel. Wir werden durch allzu viele Termine, durch andauernden Zeitdruck übermäßig »von außen gesteuert«. Das heißt, wir eilen und hetzen oftmals durch den Tag, ohne auf die eigenen inneren Bedürfnisse achten zu können. Wenn diese »Außensteuerung« überwertig wird, wenn die eigentlich notwendige körperliche und seelische Erholung übergangen wird, droht die Gefahr, die innere Balance und damit die Leistungsfähigkeit zu verlieren.

Deshalb ist das Wissen dieser Station so wichtig. Für die körperliche Leistungsfähigkeit als Energiereservoir sowie für die seelische Ausgeglichenheit und den damit verbundenen Zugang zu Ihrem inneren Wissen.

Wenn alles reibungslos läuft, spürt man ihn eigentlich gar nicht – den Biorhythmus. Deshalb entfaltet sich alles, was dieser Station entspricht, in Ihnen, ohne dass es Ihnen bewusst ist. Auch alle Ihre übrigen Lebensfunktionen arbeiten ja Ihr ganzes Leben lang ohne Ihr besonderes Zutun: Ihr Herz schlägt, Sie atmen, Ihr Stoffwechsel funktioniert – aber Sie wissen so lange nichts davon, wie die Abläufe reibungslos vor sich gehen. Erst bei Unregelmäßigkeiten werden Sie auf die inneren Vorgänge aufmerksam.

Vertrauen Sie Ihrem inneren Wissen.

Die Natur tut fortlaufend ihr lebenserneuerndes und heilendes Werk – zeit- und raumlos. Gleichsam im tiefen Schlaf erneuern sich Ihre zum Leben nötigen Energien, ohne dass Sie das kontrollieren oder wesentlich beeinflussen können.

Das Wissen dieser Phase kommt »über Nacht«. Deswegen ist das Überschlafen so bedeutungsvoll, wenn man in Problemen steckt. Man sollte einfach vertrauen und mit etwas Gelassenheit abwarten, dass viele Erkenntnisse sich im Schlaf oder »wie von selbst« einstellen werden.

Ihre Lebenskraft und Ihr inneres Wissen

Martina, die in eine stressige Abfolge von Terminen verwickelt war und deshalb permanent unter Zeitdruck stand, sagte: »Den Druck merkt man lange nicht. Erst hat's Spaß gemacht – viele Menschen – die Power, Dinge zu regeln – dabei zu sein, wenn was los war, das war richtig gut. Aber jetzt habe ich das Gefühl, ich kann nicht mehr aufhören. Ich schlafe meistens schlecht, nehme viel zu viele Tabletten gegen alles Mögliche. Ich komme mir vor wie ein Auto ohne Bremse.«

Es war höchste Zeit für Martina, sich auf sich selbst zu besinnen, Ruhezeiten, Erholungspausen, »Alleingänge« einzuschalten, um nicht auszupowern und in ein Burn-out-Syndrom hineinzugleiten.

Gerade für uns Frauen ist das Zurückgreifen auf die Erkenntnisse dieser Phase so essenziell wichtig, damit wir unser Eigenes nicht vergessen. Frauen neigen häufig dazu, sich von den Wünschen anderer bestimmen zu lassen, achten zu wenig darauf, was sie selbst eigentlich wollen beziehungsweise darauf, was ihnen ihr Instinkt sagt.

Sie können sich das Wissen dieser Phase nutzbar machen. Es liegt bereit für Sie! Vertrauen Sie Ihrem Lebensrhythmus und den ausgleichenden Kräften in Ihnen selber! Achten Sie auf Ihre Bedürfnisse!

Kurzer Rückblick in Ihre Kindheit

Diese erste Station entspricht in gewisser Weise der ersten Phase Ihres individuellen Lebens. In dieser Lebenszeit wächst aus der Verbundenheit mit der Mutter und ihrer nährenden, wärmenden, schützenden, versorgenden, ordnenden und regulierenden Tätigkeit die Sicherheit und das Urvertrauen, den Dingen, die einem begegnen, auch gewachsen zu sein.

Hier – in dieser frühen Lebenszeit – sollte das Gefühl für einen gesunden, lebenserhaltenden und Energie spendenden Biorhythmus entstehen, aus dem der Optimismus, die Tatkraft und die Ausdauer zur Gestaltung des eigenen Lebens erwachsen.

Bergen Sie Ihre inneren Schätze

Um die Kräfte dieser Station zur Wirkung zu bringen, braucht es nichts anderes als etwas Ruhe und Abstand von der Hektik des Alltagslebens. Eine gute Methode, sich selbst dazu zu verhelfen, ist die folgende:

Gehen Sie einmal oder mehrere Male in der Woche abends vor dem Schlafengehen auf einen kleinen Spaziergang. Es muss überhaupt kein großer Zeitaufwand sein. Meistens genügen 20 Minuten. Gehen Sie allein. Wenn Sie mit anderen zusammen gehen, verzichten Sie aufs Reden. Gehen Sie bewusst. Fühlen Sie in sich hinein. Atmen Sie tief ein und aus. Lassen Sie Ihre Gedanken fließen. Hören Sie auf die Geräusche der Natur. Lauschen Sie. Fühlen Sie, wie Ihre Füße bei jedem Schritt abrollen und wieder den Boden berühren. Spüren Sie in Ihren Körper!

Bleiben Sie bei sich. Gehen Sie schlafen und vertrauen Sie auf das Wirken Ihres Urinstinkts!

Eine Frage zum Nach-Denken
»Lasse ich mir mein inneres Wissen gelegentlich ausreden?«

Erlaubnis auf dieser Station
»Du darfst sein und du darfst vertrauen, dass es gut wird!«

Selbstaffirmation
»Ich vertraue!«

Grenzen des Selbstcoachings

Wenn Sie früher positive Erfahrungen in einer zuverlässigen »Nestatmosphäre« gemacht haben, leben Sie heute mit gutem Urvertrauen und in innerer Ausgeglichenheit, in die Sie selbst nach beunruhigenden Lebenskrisen wieder zurückfinden.

Haben Sie in dieser frühesten Phase Ihres individuellen Lebens jedoch keine Geborgenheit erfahren dürfen (oder nicht in einem für Sie ausreichendem Maß), kann es sein, dass Sie häufig von einer diffusen inneren Unruhe, quälender Unzufriedenheit und von einem Gefühl des Misstrauens gegen andere Menschen geplagt sind.

Nun ist ja die frühe Zeit der Einheit mit der Mutter nicht nachholbar. Sie ist unwiederbringlich vorbei und es ist ein Trugschluss, wenn man meint, beim Lebensgefährten oder bei der Lebenspartnerin könne man die Geborgenheit finden, die man in dieser Phase benötigte. An dieser Fehleinschätzung von Partnerschaften scheitern viele Beziehungen!

Wenn es Ihnen häufig so geht, wie es Martina ergangen ist, die unruhig und angespannt ihren Pflichten nachkam und dabei im Innersten nervös und unzufrieden war, wäre es ein kluger und weiterbringender Schritt, sich eine Beratung durch ein Coaching oder eine Psychotherapie zu »erlauben«. Das könnte für Ihr weiteres Selbstcoaching ein wichtiges Vorgehen sein. Manchmal kommt man alleine voran und manchmal benötigt man jemanden, der einen für einen gewissen Zeitraum an die Hand nimmt.

Bevor Sie sich aber zu diesem Schritt entschließen, empfehle ich Ihnen, dieses Buch erst einmal durchzulesen. Sie finden im Anschluss an die Beschreibung der jeweiligen Themen immer Fragen zum Nach-Denken. Sie finden Übungen und Anregungen, die es Ihnen ermöglichen werden, für manche offene Frage eine Antwort zu finden und sich damit selbst zu coachen.

Station 2

Beziehungen haben – Beziehungen gestalten

Gute Kontakte, erfüllende Lebensgemeinschaften, tragende und nützliche Netzwerke – wir alle suchen sie und wünschen uns funktionierende zwischenmenschliche Beziehungen, ob im beruflichen oder privaten Lebensbereich. Leider klaffen Wunsch und Wirklichkeit sehr häufig weit auseinander. Woran liegt das, wenn wir doch eigentlich alle guten Willens sind?

Verhalten und Einstellungen zu anderen sind bei den meisten Menschen davon geprägt, wie sie als kleine Kinder Zuwendung erfahren haben. Die Art und Weise, wie wir Kontaktgestaltung in der Kindheit kennen gelernt haben, beeinflusst auch die Beziehungsgestaltung des Erwachsenenlebens – meistens jedoch weitgehend unbewusst.

Und weil die Nachwirkungen des ersten Lebensabschnittes so umfassend sind, lohnt es sich, wenn Sie Ihr frühes soziales Umfeld unter dem Gesichtspunkt »Beziehungsbedürfnisse« anschauen.

Kurzer **Rückblick** in Ihre **Kindheit**

Wer mit einem »Beziehungsdefizit« ins Leben starten muss, wird sich schwer tun, mit anderen Menschen zusammen zu sein und zusammen zu arbeiten. Wenn Sie sich zum Beispiel in Ihrer Ursprungsfamilie nicht abgrenzen durften, Ihr »Nein« nicht respektiert oder als kindlicher Trotz bagatellisiert wurde, könnte es sein, dass Sie auch im späteren Leben Probleme haben, sich entschieden und klar gegen Übergriffe zu wehren.

In vielen Familien darf nicht gestritten werden, so wie es Antonia von sich und ihrer Familie schilderte. Bei Auseinandersetzungen wird dann der Kontakt zwischen den Familienmitgliedern abgebrochen – nichts geht mehr! Was aber tut eine erwachsene Frau später, die nicht lernen konnte, sich konstruktiv mit anderen auseinander zu setzen? Sie wird sich – wenn sie nicht die Gelegenheit findet, umzulernen – so verhalten, wie sie es gelernt hat, nämlich sich anpassen, Konflikte vermeiden, sich zurückziehen.

In vielen Familien dagegen wird nur gestritten, da gibt es keine andere Art der Schlichtung von Konflikten als »harte« und verletzende Worte bis hin zu körperlichen Züchtigungen. Die Fortsetzung dieser häuslichen Gewalt findet dann bereits im Kindergarten und auf dem Schulhof statt, wovon Lehrer und Erzieher ein Lied singen können.

Wenn Sie sich heute mit dieser Phase Ihres Lebens beschäftigen, befassen Sie sich gleichzeitig mit den Beziehungsgrundlagen Ihres Lebensweges, die die Voraussetzung für eine befriedigende Beziehungsgestaltung im Erwachsenenleben bilden.

Die sieben Beziehungsbedürfnisse

Außer Nahrung, Schutz und den Stimuli durch körperlichen Kontakt brauchen alle Menschen auch sinnliche Anregungen, also Zuwendung und Anerkennung. Die Reaktionen von Menschen, die von jedem sinnlichen Reiz abgeschirmt leben müssen, zeigen bereits nach kurzer Zeit, wie notwendig Kontakt ist. Menschen, die von anderen Menschen isoliert wurden, zeigen – je nach psychischer Stabilität – bereits nach zwei Tagen ein völlig anderes Verhalten. »Ich hatte Hunger und Kälte völlig vergessen – tatsächlich ist das Bedürfnis nach menschlichem Kontakt eines der elementarsten.« Dies stellt Primo Levi in seinem erschütternden Buch *Die Atempause* über seine zermürbenden Erlebnisse in Konzentrationslagern der Nazi-Zeit fest.

Sehen wir uns die sieben grundlegenden Beziehungs-Bedürfnisse einmal genauer an:

ZUNEIGUNG ERHALTEN

Wir wollen gemocht, geliebt und anerkannt werden. Wir möchten so, wie wir sind, in unserer Weltsicht, mit unseren eigenen Erfahrungen angenommen werden. Wir wollen die Zuneigung anderer spüren und wir erwarten, dass andere uns sagen oder zeigen, dass sie uns schätzen und mögen.

ZUNEIGUNG ZEIGEN

Wir möchten unsere Zuneigung, unsere Dankbarkeit oder Zufriedenheit zeigen und ausdrücken können. Bereits ein kleines Baby lächelt seine Mutter aus diesem Bedürfnis heraus an.

SICHERHEIT

Wir wollen uns sicher fühlen, wenn wir mit anderen Menschen zusammen sind. Sie erwarten, dass Ihnen Ihr Chef in schwierigen Situationen nicht in den Rücken fällt. Sie erwarten, dass Ihr Partner/Ihre Partnerin zu Ihnen hält.

UNTERSTÜTZUNG UND HILFE

Wir suchen Unterstützung von anderen Menschen. Wir wollen und können nicht alles alleine machen, wir erwarten Hilfe. Wir möchten, dass andere in einem guten Sinn für uns Partei ergreifen und zu uns halten – auch bei Konflikten.

ACHTUNG / RESPEKT

Wir möchten als einmalige Persönlichkeit von anderen respektiert werden. Wir möchten, dass andere uns unser Erleben und unsere Erfahrungen so glauben, wie wir sie erleben.

EINFLUSSNAHME AUF ANDERE

Menschen haben das Bedürfnis, etwas in anderen Menschen zu bewirken. Wir möchten spüren, dass andere uns zuhören, dass sie reagieren auf das, was von uns kommt, wir möchten sie »erreichen«.

ANREGUNGEN DURCH ANDERE

Wir brauchen Anregungen von außen. Wir möchten, dass andere auf uns zukommen und uns ansprechen. Wir möchten »gesehen« werden.

Praxis

Die sieben Beziehungsbedürfnisse

Da das Einzige, was Sie wirklich ändern können, Sie selbst sind, ist es hilfreich, sich einmal einen Ihrer typischen Konflikte mit anderen Menschen unter dem Aspekt Ihrer eigenen Beziehungsbedürfnisse anzuschauen! Was würden Sie sich von anderen in einem Streit wirklich wünschen? Mehr Unterstützung? Mehr Anregung? Sicherheit? Zuwendung?

Was möchten Sie gerne anderen sagen und tun es nicht, weil irgendwelche inneren Gebote dagegenstehen?

Ihre eigenen (unerfüllten) Beziehungsbedürfnisse finden Sie am besten heraus, wenn Sie überlegen, wann Sie Worte wie »immer«, »ewig«, »andauernd«, »nie«, »meistens« oder ähnliche Verallgemeinerungen gebrauchen!

Wenn Sie dazu neigen zu sagen: »Nie sagt er/sie, dass er/sie mich mag!«, weist das darauf hin, dass Sie sich nicht genügend gemocht oder geliebt fühlen.

Wenn Sie sagen: »Immer muss ich alles allein tun!«, suchen Sie in Wirklichkeit die Unterstützung anderer.

Wenn Sie empfindlich reagieren, wenn Ihnen jemand einen Ratschlag gibt, fühlen Sie sich in Wirklichkeit nicht genügend geachtet oder respektiert.

»Meistens hört er/sie gar nicht hin, wenn ich was sage!«, ist ein Hinweis auf das Bedürfnis nach mehr Einflussnahme.

»Immer rast er mit 180 auf der Autobahn!«, enthält wahrscheinlich gleich mehrere Beziehungswünsche: den Wunsch nach mehr Sicherheit, nach Achtung und Respekt vor Ihren Befürchtungen und nach mehr gezeigter Zuneigung.

Melike, Rainer und **Silke** arbeiten in einer sozialen Institution. Sie haben getrennte Aufgabengebiete, aber dennoch das Bedürfnis nach gegenseitigem Austausch. Das wöchentliche Meeting reichte ihnen dazu nicht mehr aus, weil »irgendetwas fehlte«. So drückten sie es mir gegenüber aus, als wir monatliche Supervision vereinbarten.

Es zeigte sich, dass alle drei viel Zeit mit Gedanken über die anderen verbrachten. »Ob sie mich mit meinen türkischen Eltern wohl wirklich akzeptieren?«, fragte sich Melike wiederholt nach den Meetings und auch sonst immer wieder.

»Wie die beiden Frauen wohl mit meinen Anweisungen zurechtkommen?«, sinnierte Rainer, der – etwas verwirrend für Außenstehende – nicht nur Kollege, sondern in manchen Bereichen auch Vorgesetzter der beiden Frauen war.

Silke, nach außen selbstbewusst und sicher auftretend, hatte das Gefühl, jeder müsse ihr die häufige innere Unsicherheit ansehen.

Alle drei hatten Beziehungsbedürfnisse, die sie aber alle für sich behielten. Wie fast immer, handelte es sich auch bei ihnen um mehrere Bedürfnisse, aber eins war stets vorrangig: Bei Melike war es »Achtung/Respekt«, nämlich so, wie sie war, mit ihrer eigenen Lebensgeschichte, angenommen zu werden. Bei Rainer, dem »Ideenbringer«, war es »Einflussnahme auf andere«. Er war sich stets etwas unsicher und machte sich viele Gedanken darüber, wie er mit seinen Vorschlägen und zudem als Vorgesetzter bei den beiden Frauen ankam. Und bei Silke, die häufig ein inneres »Flattern« verspürte, war es hauptsächlich der Punkt »Sicherheit«, der aus den Beziehungsbedürfnissen für sie wichtig war.

Mithilfe der »Drei Kontakt-Brücken zu anderen Menschen« (siehe Seite 33) konnten sie einüben, ihre Beziehungsbedürfnisse auszusprechen und die der anderen anzuhören.

Tipp
Mut zum Perspektivenwechsel

Ein häufiger Einwand bei diesem Thema lautet: »Aber ich kann doch vor meinen Kollegen nicht mein Innerstes offenbaren!« Darum geht es gar nicht, das soll man auch nicht, wenn nicht das nötige Vertrauen untereinander besteht. Es geht um einen Perspektivenwechsel. Anstatt die anderen für das eigene Wohlergehen verantwortlich zu machen, geheime oder offene Vorwürfe auszuteilen oder sich mehr oder weniger schmollend zurückzuziehen, geht es darum hinzuschauen, was man selbst braucht, um sich wohl zu fühlen.

KERNSATZ
Sachliche Themen können dauerhaft nur gelöst werden, wenn die Beziehung »stimmt«!

Beziehungsbedürfnisse in **Kontakt** bringen

Wie können Sie nun Ihre Beziehungsbedürfnisse in Kontakt bringen? Hinter dem Rücken mit Dritten über Ihre Enttäuschungen, Frustrationen und Ihren Ärger zu reden oder alleine vor sich hin zu grummeln, bringt nicht weiter. Zeigen Sie Mut! Sprechen Sie das an, was wirklich Thema ist!

Wenn Sie Wünsche an eine bessere Beziehungsgestaltung haben – an wen oder von wem auch immer –, ist es wichtig, dass Sie konkret werden. Verallgemeinerungen bringen Sie nicht weiter!

Deshalb sind im Folgenden zu jedem der sieben Beziehungsbedürfnisse einige Möglichkeiten konstruktiver Beziehungsgestaltung aufgeführt, aus denen Sie die für Sie nützliche herausfiltern können.

ZUNEIGUNG ERHALTEN

Statt »Nie sagt er/sie mir...«, sagen Sie: »Ich möchte, dass du mir sagst ...«. Wenn er/sie es dennoch nicht tut, Ihre Wünsche abwehrt, bleiben Sie stur. Wenn er/sie abwehrt, sagen Sie: »Ich habe das Gefühl, du respektierst (achtest) meine Wünsche nicht.«

ZUNEIGUNG ZEIGEN

Sie sagen einer Kollegin, wie hübsch Sie ihre Haare finden und sie antwortet: »Ach, die sitzen heute gar nicht!« Ups... Was hat sich abgespielt? Sie wollten jemandem etwas Nettes sagen, also auf eine bestimmte Art Ihre Zuneigung zeigen. Und Sie fühlen sich ausgebremst. Zuneigung anzunehmen ist für viele Menschen sehr schwer. Bleiben Sie bei Ihrem Beziehungsbedürfnis: »Schade. Ich finde sie trotzdem hübsch!«

SICHERHEIT

Ihr Chef fällt Ihnen vor Kunden in den Rücken, als Sie sich eigentlich Beistand von ihm gewünscht hatten. Reagieren Sie nicht gekränkt, sondern suchen Sie ein Gespräch unter vier Augen. Sagen Sie: »Ich wünsche mir von Ihnen beim nächsten Mal ...« Oder: »Wäre es möglich, dass wir uns beim nächsten Mal noch besser absprechen?« Oder: »Ich merke, dass ich unsicher werde (den Faden verliere), wenn Sie meine Angaben vor anderen korrigieren. Könnten wir ...?«

UNTERSTÜTZUNG UND HILFE

»Immer muss ich alles alleine machen. Niemand hilft mir!« Statt sich selbst mit solchen Killerphrasen zu demotivieren, sagen Sie anderen, was Sie von ihnen gerne hätten, wo sie zugreifen können, und das möglichst präzise.

ACHTUNG/RESPEKT
Unerbetene Ratschläge lassen meistens auf einen Mangel an Achtung schließen. Deshalb ist es wichtig, dass Sie, anstatt innerlich zu rebellieren, sagen: »Danke für deinen/Ihren Rat. Eigentlich will ich aber etwas ganz anderes von dir/Ihnen!«

Wenn Sie dazu neigen, (unerbetene) Ratschläge an andere zu geben, haben Sie hier vielleicht die Erklärung dafür gefunden, warum andere gelegentlich unwirsch darauf reagieren!

EINFLUSSNAHME AUF ANDERE
Dieser Punkt ist sehr wichtig für Teamsitzungen und für die Gestaltung der eigenen Beiträge in Gruppen. Wer hat das nicht schon erlebt, dass der eigene Beitrag sich in den beredten Worten des Nachredners verflüchtigt, als hätte man nichts gesagt! Nachhaken! »Ich möchte noch mal zurückkommen auf das, was ich eben/vorhin gesagt habe.« »Auch wenn du anderer Meinung bist als ich, möchte ich, dass du mich anhörst.« Oder: »Ich würde gerne deine/Ihre Ansicht darüber hören, was ich eben gesagt habe.«

ANREGUNGEN DURCH ANDERE
Sind Sie im Kollegenkreis dafür bekannt, dass Sie die Ideen für den nächsten Ausflug haben? Oder sind Sie in Ihrer Partnerschaft zuständig für das Unterhaltungsprogramm? Für den Küchenzettel? Wenn Sie das alles gerne machen, ist es ja okay. Wenn Sie aber im Geheimen murren: »Die anderen könnten ja auch mal was tun...«, ist es höchste Zeit, es die anderen auch tun zu lassen. Sagen Sie: »Den nächsten Ausflug plant bitte ihr.«

Wichtig bei jedem neuen Verhalten ist, dass Sie wirklich im Innersten davon überzeugt sind, dass Ihre Bedürfnisse berechtigt sind. Wenn

Ihnen Ihre »Kopfbewohner« immer mit alten Verhaltensgeboten dazwischenfunken, können Sie sich und Ihre Bedürfnisse nicht überzeugend vertreten. Wie Sie mit den inneren Boykotteuren umgehen können, erfahren Sie auf der Station 5 *»Kopfbewohner«, auf der Sie Ihre geheimen Mit- und Gegenspieler kennen lernen.*

Bedeutsam und notwendig für Ihren weiteren, erfolgreichen Selbstcoaching-Weg ist, dass Sie Ihre eigenen Kontaktbedürfnisse wahrnehmen und ernst nehmen. Und dass Sie erkennen, welche davon Sie bereits offensiv in Ihre Beziehungen tragen und wo Sie Ihre sozialen Fähigkeiten erweitern können. Sie wissen es inzwischen: Vor dem Umsetzen steht das Erkennen!

Tipp

Drei »Erfolg« versprechende Wege, um Beziehungen zu zerstören

Anklagen, Schuldzuweisungen, Vorwürfe, Verallgemeinerungen
Sätze wie »Du bist schuld ...«, »Sie tun immer/nie/ewig/andauernd...«

Rückzug
Sich gekränkt zurückziehen. Oft weiß der andere gar nicht, was eigentlich so kränkend war.

Manipulation
Andere für seine eigenen (verdeckten) Ziele ausnutzen, ist ein unguter Weg.

Tipp

Drei Kontakt-Brücken zu anderen Menschen

Fragen stellen

»Wie meinen Sie das...?« »Was ist der Grund...?« »Wie stellen Sie sich das vor...?« »Woran sehen Sie das?« »Wie sieht Ihr Plan genau aus?« Stellen Sie möglichst wenig »Warum«-Fragen. Besser sind »wer«, »wie«, »was«, »wozu«, weil andere konkreter darauf antworten.

Feedback geben, bei Unklarheit rückfragen
»Ich höre da etwas in Ihrer Stimme, das ich nicht verstehe. Mögen Sie es mir sagen?«
»Ich würde Ihnen gerne sagen, wie Ihr Verhalten/Ihr Vorschlag/Ihre Vorwürfe bei mir ankommt. Mögen Sie es hören?«
»Habe ich Sie richtig verstanden, ...« (mit Ihren Worten wiedergeben, was und wie Sie es verstanden haben).

Über sich, die eigenen Gefühle, Gedanken und Empfindungen sprechen
»Ich merke, dass mich das ärgert / freut / berührt / enttäuscht / nachdenklich macht / verunsichert ...«

Die Kontakt-Brücke besteht darin, dass Sie deutlich Ihr Interesse am Dialog ausdrücken. Probieren Sie es aus! Mit Ihren eigenen Sätzen. Sie werden sehen, wie Sie sich selbst damit das Leben erleichtern. Außerdem wird es Ihnen mit Sicherheit viel Spaß machen, virtuos die Kontakt-Brücke zu anderen zu überqueren!

Eine Einladung in Ihre Vergangenheit

Praxis

Stellen Sie sich ein Paar Schuhe vor, die Sie als kleines Kind getragen haben.
   Versuchen Sie, sich in Ihrer Fantasie vorzustellen, wie Sie sich darin gefühlt haben.

- Was war gut, als Sie diese Schuhe getragen haben?
- Was war nicht gut?
- Was hätten Sie zu den Menschen in Ihrer Nähe gerne gesagt?
- Was hätten Sie gerne von anderen gehört?

Haben Sie dadurch, dass Sie in den Schuhen von damals standen, Ihr Wissen über sich selbst und über die Beziehungen in Ihrer Ursprungsfamilie erweitern können?
   Wie auch immer Ihre Antworten ausgefallen sind und ob Sie dadurch traurig, heiter, nachdenklich oder ärgerlich geworden sind: In Ihrer Vergangenheit liegen zwar die ersten Bausteine Ihres Lebens, aber niemand kann Ihnen heute verbieten, sich durch neue und selbst erworbene Elemente Ihr Leben nach Ihren Vorstellungen aufzubauen.
   Das gilt nicht nur für die allgemeine Lebensplanung, sondern besonders auch für die Art und Weise der Beziehungspflege! Es gibt keinen Grund, so weiterzumachen wie früher. Wichtig für eine Veränderung Ihrer Beziehungsgestaltung ist nur, dass Ihnen klar ist, was genau Sie überhaupt ändern wollen.

Eine Frage zum Nach-Denken
»Was erwarte ich eigentlich von ihm/ihr im Geheimen?«

Erlaubnis auf dieser Station
»Du darfst so sein, wie du bist, du darfst Wünsche an andere haben und du darfst sie aussprechen!«

Selbstaffirmation
»Von heute ab sage ich, was ich mir wirklich wünsche!«

Grenzen des Selbstcoachings

Wenn Sie nach einiger Zeit keine Lösungsmöglichkeit für Ihren Umgang mit anderen und Ihrer Beziehungsgestaltung finden, wenn Sie weiterhin unsicher und misstrauisch sind (und dabei im Inneren irgendwo wissen, dass das eigentlich nicht nötig ist), wenn Sie sich vielfach ungerecht behandelt fühlen von anderen, sich oft verletzt und gekränkt fühlen, rate ich Ihnen, sich für eine Weile von einem/einer Professional coach zu lassen.

Da sich die Stärken dieser Phase im Zusammensein mit der Mutter oder den frühen Bezugspersonen herausbilden, kann es für Ihr weiteres erfolgreiches Selbstcoaching wichtig sein und Ihr weiteres berufliches und privates Leben wesentlich erleichtern, sich für eine Weile im Kontakt mit einer anderen, wohlwollenden Person Stärkung zu holen.

Station 3

Die Schatzkammer

Auf dieser Station spüren Sie Ihre kreative Seite auf, falls Sie sie noch nicht entdeckt haben oder meinen, sie nur unzureichend zu verwirklichen. Hier ist das magische und häufig verborgen im Untergrund liegende Reich der Träume, Mythen, Märchen und Fantasien, in dem Ihre vielen Ideen, noch unentdeckten oder unausgeführten Pläne und viele interessante Vorhaben auf Sie warten. Es ist das Zauberreich Ihrer inneren Welt und die Quelle Ihrer Ideen und Einfälle. Hier wartet die ganze Fülle Ihrer Ressourcen darauf, ans Tageslicht befördert zu werden, um Ihr Leben (und das anderer) damit zu bereichern.

Manche Menschen haben zu viele Ideen und haben Schwierigkeiten damit, etwas davon wirklich umzusetzen, andere fühlen sich oft wie umklammert, blockiert oder leer und ahnen nichts von dem verborgenen Schatz. Oder sie wissen zwar um den inneren Reichtum, trauen sich aber damit nicht nach außen. Weshalb? Zum besseren Verständnis ist es auch hier nützlich, sich auf eine kurze Rückschau in Ihre Kindheit einzulassen. Die meisten Blockaden nehmen bereits in der Kindheit ihren Anfang. Kein Grund, immer so weiterzumachen. Auch jetzt heißt es zunächst einmal Halt zu machen und Ursachenforschung zu betreiben. Erst wenn die Ursachen bekannt sind, können Sie weiterkommen.

Kurzer **Rückblick** in Ihre **Kindheit**

Wenn Sie früher durch Ihre Umgebung behutsam gefördert wurden, die Kleinkindzeit langsam durchwachsen und viel nach Ihren eigenen Vorstellungen spielen durften, haben Sie wahrscheinlich keine Probleme mit der Umsetzung Ihrer Ideen in die Realität.

Wenn es aber bei jedem Ihrer Einfälle hieß: »Nein, mach lieber dies oder das!«, und Sie aus Ihren Spielen zu oft herausgerissen wurden, hat das im späteren Leben oft Konzentrationsstörungen zur Folge und häufige Unlustgefühle, etwas zu tun oder etwas fertig zu bringen. Oder Sie haben das Gefühl, blockiert und in Ihren Energien gedrosselt zu sein. Oder Sie bewerten Ihre Einfälle sofort negativ, sobald sie auftauchen. Sie denken: »Ach, was mir da einfällt, ist ja doch nur Quatsch« und verbauen sich damit selbst den Weg zu Ihrer Schatzkammer, die Sie in sich versperrt halten.

Wenn Sie als Kind wenig Begrenzung erfahren haben, alles tun und lassen konnten, was Ihnen einfiel, kann es sein, dass Sie heute nur so vor Einfällen sprudeln, kreative Ideen nur so herausschütten, aber die Umsetzung ins Reale klappt nicht so, wie Sie es sich erträumen. Ihre Ideen bleiben Pläne, bestenfalls Entwürfe im PC oder in der Schublade.

Schätze bergen und Ideen **realisieren**

Wenn Sie Ihre verborgenen Schätze heben wollen, lesen Sie Märchen, Sagen, Science-Fiction-Bücher und/oder Biografien von produktiven Künstlern. Schreiben oder malen Sie Ihre Träume, Wünsche und Ihre geheimsten Gedanken auf. Das ist der erste Schritt, um all die Dinge, die in Ihnen schlummern, ans Licht zu bringen. Gehen

Sie in Ausstellungen zeitgenössischer Kunst, suchen Sie Zugang zu kreativen Menschen. Spielen Sie mit Kindern. Das weckt Ihre fantasievolle Seite, weil es Ihrem Unbewussten Anregungen vermittelt. Tauschen Sie sich mit Ihrer Freundin darüber aus, was Sie beide eigentlich schon immer gerne machen wollten. Fangen Sie an, indem Sie das tun, was Sie sich bisher nicht getraut haben: Ob es sich um einen Tanzkurs handelt oder darum, auf der nächsten Sitzung Ihre Ideen vorzustellen – trauen Sie sich!

Schreiben Sie einmal alle Ihre Pläne und Vorhaben, so wie sie Ihnen gerade durch den Kopf gehen, auf kleine Haftzettel! Für jeden Ihrer Einfälle nehmen Sie einen eigenen Zettel. Anschließend heften Sie die beschriebenen Zettelchen irgendwo hin, wo Sie mit Sicherheit häufig vorbeikommen, ob Schreibtisch oder Kühlschrank oder die Innentür der Toilette ist egal – Hauptsache, Sie sehen sie häufig. Und nun entfernen Sie jedes Mal, wenn Ihr Blick auf Ihre persönliche Pinwand fällt, einen Ihrer Pläne! Und zwar den, der Ihnen jetzt gerade am unwichtigsten erscheint. Lassen Sie sich Zeit, das kann ruhig eine Woche dauern! Am Ende sollte nur noch ein Zettel übrig sein. Und das, was darauf steht, ist nun das Vorhaben, das Sie jetzt umsetzen. Beim Umsetzen mag Ihnen das »KURZ«-Bündnis (siehe nächste Seite) mit sich selber von Nutzen sein. Denn damit nehmen Sie gewissermaßen sich selbst unter Vertrag und können Ihr Vorhaben so gestalten, dass es auch ein Erfolg wird.

Das »KURZ«-Bündnis

Praxis

K ➔ klar, knapp und konkret
»Was will ich umsetzen/tun?« Formulieren Sie ein positives, konkretes Ziel. »Weniger«, »mehr«, »öfter«, »nicht mehr«, »versuchen« beinhalten von vornherein Schleichwege aus dem Bündnis. Wer »versuchen« will, etwas zu tun, wird es vermutlich gar nicht tun!

U ➔ überprüfbar und umgehend umsetzbar
»Wann genau fange ich an?«
»Wie sieht der erste/zweite/dritte Schritt aus?«

R ➔ realistisch und regelgerecht
»Woran werde ich sehen, dass ich mein »KURZ«-Bündnis einhalte?«
»Woran werden andere sehen, dass ich mein »KURZ«-Bündnis durchführe?«

Z ➔ zielbezogen und zeitorientiert
»In welchem Zeitrahmen soll das passieren?«
»Was muss ich dafür aufgeben?«
»Wie werde ich mich selber an der Durchführung meines Planes/Vorhabens hindern?«

Schreiben Sie die einzelnen Punkte Ihres »KURZ«-Vertrages auf und heften Sie das Blatt irgendwohin, wo es Ihnen immer wieder in die Augen sticht.

Wie das »KURZ«-Bündnis in der Praxis funktioniert, zeigt das Beispiel von Uta.

Uta ist Fotografin. Sie sprudelt vor Ideen und Vorhaben. Seit langem lagerte bei ihr Material für ein Buch (für das sie sogar schon eine Verlegerin hatte). Aber die Zeit! Sie kam einfach nicht dazu, es fertig zu stellen.

Das »KURZ«-Bündnis machte ihr Sinn und sie hat, nachdem sie sich an die selbst auferlegten Regeln dieses Vertrages mit sich selbst hielt, inzwischen ihren ersten Band veröffentlicht!

So sah ihr erstes »KURZ«-Bündnis mit sich selber aus:
Was will ich tun? Das Album mit den Fotos zum Thema X fertig stellen.
Wann genau fange ich an? Genaues Datum …
Wie sieht der erste Schritt aus? Ich sichte das Material.
Bis wann? Genaues Datum …
Wie sieht der zweite Schritt aus? Ich sortiere das Material.
Bis wann fertig? Genaues Datum …
(Uta legte sich bis hin zu einem fünften Schritt genaue Termine fest)
Woran werde ich sehen, dass ich mein »KURZ«-Bündnis einhalte? An den eingehaltenen Terminen.
Woran werden andere sehen, dass ich mein »KURZ«-Bündnis einhalte? (Uta hatte mit mir ihren Plan abgesprochen und informierte mich in regelmäßigen Abständen über ihr Vorankommen) Ich telefoniere mit … und gebe ihr Bescheid (jeden Montag).
In welchem Zeitrahmen soll das passieren? Ist oben bereits festgelegt.
Was muss ich dafür aufgeben? Die Projekte X/Y/Z. Für den Zeitraum des Arbeitens an diesem Projekt das lange Schlafen und das Herumtrödeln. Das viele Telefonieren (niemals länger als eine halbe Stunde!).
Wie werde ich mich selber an der Durchführung meines Projektes hindern? Wichtiger Punkt!!! Durch alle möglichen Ablenkungen, durch Telefonieren, durch das Gefühl: »Ist ja doch alles Schwachsinn, was ich da mache!«
Noch einen wichtigen Punkt nahm sie nach meiner Anregung in ihr »KURZ«-Bündnis auf:
Wie werde ich mich belohnen, wenn ich dies Projekt durchhalte? Mit …

Fragen zum Nach-Denken
»Was wollte ich eigentlich immer schon gerne machen?«
»Was will ich umsetzen und wann genau will ich es tun?«

Erlaubnisse auf dieser Station
»Du brauchst deine Einfälle nicht für dich behalten. Du darfst dir Gleichgesinnte suchen, die dich anhören und dich unterstützen.«
»Du darfst dich gut fühlen, auch wenn es mal chaotisch ist!«

Selbstaffirmationen
»Ich habe gute Ideen und ich setze sie um!«
»Ich kann Dinge zu Ende bringen!«

Grenzen des Selbstcoachings

Wenn Sie sich dauerhaft blockiert fühlen oder Ihre Einfälle nicht sortieren können, wenn Sie zwischen Fantasie und Realität nur schwer unterscheiden können, lesen Sie bitte erst einmal die folgenden Stationen und anschließend noch einmal die Station 3.

Wenn es Ihnen danach nicht gelingen sollte, ist es ratsam, sich für eine Weile durch eine/einen Professional coachen zu lassen.

Station 4

Gewinner- und Verlierer- Drehbücher

Erfolg und Misserfolg im Leben hängen zu einem großen Teil von Fleiß und Durchhalten ab – manchmal auch von glücklichen Zufällen. Aber ebenso wichtig und nötig für ein erfolgreiches und zufrieden stellendes Leben sind ein tragendes und gutes Selbstvertrauen und eine innere positive Grundhaltung. Und zwar derart, dass man davon überzeugt ist, dass

1. die Dinge, die man anpackt, auch gelingen werden,
2. man immer Menschen finden wird, die bei Schwierigkeiten unterstützen und weiterhelfen,
3. das Leben genügend Chancen für einen bereithält.

Wer mit dieser Grundhaltung ins Leben startet, wird mit Sicherheit ein zufrieden stellendes Lebensprogramm für sich gestalten. Wenn Sie die oben angeführten drei Punkte nicht so zuversichtlich sehen und Ihre innere positive Grundhaltung häufig mal ins Schwanken gerät, Sie vielfach unsicher sind oder auch durch »Altlasten« an Ihrer freien Entfaltung behindert sind, bietet diese vierte Station die Gelegenheit zur Neuorientierung.

Die vierte Station ist in zwei Abschnitte unterteilt:

Im ersten Teil werden vier unterschiedliche und grundlegende Einstellungen zum Leben beschrieben, vier *Grundpositionen*. Diese vier Grundpositionen bilden gewissermaßen den Werkstoff, aus dem heraus das Lebens-Drehbuch entworfen und inszeniert wird.

Im zweiten Teil geht es um *»Mini-Dramen des Alltags«*, wie sie ablaufen, warum sie sich abspielen und wie man aus einem solchen Mini-Drama aussteigen kann.

Vier Grundpositionen der **Lebensgestaltung**

1. »MIT MIR IST ALLES IN ORDNUNG UND DIE ANDEREN SIND AUCH O.K.«

Wenn Sie (jedenfalls in den meisten Situationen in Ihrem Leben) mit dieser inneren Einstellung leben, haben Sie ein gutes Selbstvertrauen, trauen sich und anderen Menschen im Grunde zu, das Leben zu meistern – selbst wenn Ihnen oder anderen mal Fehler unterlaufen oder Missgeschicke passieren.

Diese Haltung kann man sicherlich nicht durchgehend einnehmen, dann wäre man ein Übermensch. Besonders in Krisen und Konflikten geraten auch Menschen, die meistens nach dieser inneren Haltung leben, in andere Positionen. Aber selbst wenn Sie diese Position nicht immer einnehmen, wird dennoch Ihre Einstellung im Allgemeinen lauten: »Die Menschen an sich sind in Ordnung, sie tun nur manchmal etwas, was nicht in Ordnung ist.« Und das ist eine Gewinner-Haltung, aus der heraus man zuversichtlich auf die Wechselfälle des Lebens zugeht.

2. »MIT MIR HAT ES SCHON SEINE RICHTIGKEIT, ABER DIE ANDEREN ... !«

Viele Menschen trauen anderen weniger zu als sich selbst. Sie meinen, mehr Übersicht als die anderen zu haben, und brauchen das Gefühl, anderen überlegen zu sein. Menschen mit dieser inneren Einstellung haben das Bedürfnis, andere ständig davon zu überzeugen, dass sie besser, klüger, informierter sind als andere.

Dazu gehören die Schlauköpfe, die sich gerne in die Angelegenheiten anderer einmischen und ungefragt ihre Ratschläge erteilen: »So kann man das doch nicht machen!« Und natürlich sind alle Spielarten von Besserwisserei und unerbetener Kritik mit dieser Lebenshaltung verbunden: »Wie kann man nur ...!«

Die anderen Menschen haben nach Ansicht von Personen mit dieser Grundeinstellung die Aufgabe, dafür zu sorgen, dass die eigenen Überlegenheitsgefühle nicht verloren gehen. Das bedeutet, dass Menschen, die überwiegend in dieser Grundhaltung leben, andere Menschen dafür (miss-)brauchen, sich die eigene Überlegenheit zu bestätigen.

3. »MIT DIR IST JA ALLES RICHTIG, ABER BEI MIR STIMMT ETWAS NICHT!«

Es gibt immer jemanden in unserer näheren oder weiteren Umgebung, der schöner, klüger, größer, kleiner, bedeutender und was auch immer ist, als wir selbst.

Wenn Sie daraus schließen, dass die anderen grundsätzlich besser sind als Sie, dass mit Ihnen irgendetwas nicht in Ordnung ist, dann befinden Sie sich in der Grundhaltung der Position drei. Dies ist eine Einstellung, in der man sich minderwertig fühlt, weniger wichtig als andere.

Diese Haltung führt dazu, sich übermäßig an die Wünsche anderer anzupassen und sich und seine Bedürfnisse hintenanzustellen: »Ja, wenn du meinst ...«

Menschen mit dieser Grundeinstellung haben Probleme, sich zu positionieren, deutlich zu sagen: »So sehe ich das!«, weil sie sich ja für unwichtiger als andere halten. Sie trauen sich deshalb oft nicht, ihre eigene Meinung einzubringen.

4. »MIT MIR STIMMT ETWAS NICHT, ABER MIT DIR AUCH NICHT!«

Wenn man grundsätzlich eine derartige negative Weltsicht hat, macht man sich (und auch den anderen) das Leben ganz schön schwer. Diese Haltung, wenn sie wirklich dauerhaft besteht, ist wenig geeignet, jemals eine gewisse Zufriedenheit und innere Heiterkeit zu erlangen.

Dauerhaft eingenommen führt diese Haltung zu Verbitterung und einer allgemeinen depressiven Einstellung: »Mit mir stimmt was nicht, ich bin immer krank, keiner kann mir helfen und die Zeiten sind so bitter wie noch nie!«

Aus ihrer jeweiligen Grundposition heraus gestalten Menschen ihr Lebens-Drehbuch. Und zwar mit vorhersehbarem Endergebnis, denn aus der Grundhaltung ergibt sich dessen Ablauf wie von selbst.

Wer immer wieder die Grundeinstellung »Ich bin o.k. und du bist o.k.!« einnehmen kann, hat mit Sicherheit gute Karten für eine erfolgreiche und zufrieden stellende Lebensgestaltung.

Praxis — Checkliste, um Ihre eigene Einstellung zu überprüfen

Um sich selbst und Ihre Grundeinstellung genau kennen zu lernen, finden Sie nachfolgend eine Checkliste.

Machen Sie auf der Skala zwischen den beiden Polen da ein Kreuz, wo Sie sich Ihrer Meinung nach häufig befinden.

1. Denken Sie, dass Sie o.k. sind, so wie Sie nun einmal sind?
   Ja, meistens ──────────────────────── nein, häufig nicht

2. Denken Sie, dass andere Menschen, so wie sie nun einmal sind, im Grunde o.k. sind?
   Ja, meistens ──────────────────────── nein, häufig nicht

Auswertung:
Wenn Sie sich auf der Skala bei den Fragen eins und zwei sehr weit rechts befinden, sich also öfters in Grundeinstellungen befinden, in denen Sie sich oder die anderen nicht o.k. finden, denken Sie daran:
Sie als Mensch (und die anderen Menschen) sind grundsätzlich so in Ordnung, wie Sie sind! Menschen tun vielleicht manchmal Dinge, die nicht o.k. sind. Das bedeutet aber noch lange nicht, dass mit Ihnen (oder den anderen) irgendetwas nicht stimmt!

Wir alle sind auf unserem Lebensweg auf der Suche, machen Fehler und irren uns in vielen Dingen. Aber wenn Sie daraus Grundsätzliches ableiten in Hinsicht auf das eigene Wertgefühl, macht Sie das unfrei und schränkt Ihr Leben ein!

Versuchen Sie das nächste Mal, wenn Sie über sich oder andere negativ denken, in Ihren Zuschreibungen zu differenzieren. Sagen Sie: »Die und die Eigenschaften gefallen mir, die und die nicht.«

Kurzer Rückblick in Ihre Kindheit

»I have a dream!« befand der amerikanische Bürgerrechtler Martin Luther King und kämpfte sein Leben lang für die Gleichberechtigung von Schwarz und Weiß. Er entwickelte seine Vision unter dem Einfluss seines Vaters, studierte Theologie und wählte damit den gleichen Beruf wie er.

»Ich habe eine zu große Nase!«, befand Michael Jackson und ließ sie sich wieder und wieder operieren, bis sie zwar klein war, er aber ein derart verändertes Aussehen hatte, dass er auch damit nicht eigentlich zufrieden sein konnte. Bei Michael Jackson war der Auslöser für die Endloskette von äußerlichen Veränderungswünschen angeblich ein Ausspruch des Vaters gewesen: »Du hast eine zu große Nase!«

Bei beiden Männern, genauso wie bei fast allen Menschen, hat das Leben bereits in der Kindheit seine Prägung bekommen. Natürlich sind es nicht nur die Väter, die die Ausrichtung im Leben stark beeinflussen. Es können ebenso Mütter, Großeltern, Lehrer sowie Geschwister oder Freunde sein, deren Einwirkungen, Aussagen und Einstellungen uns als Kinder prägen. Und Mädchen sind davon selbstverständlich genauso betroffen wie Jungen.

Kinder entwickeln bereits ihr Lebens-Drehbuch.

Nun hat auch ein Kind immer die Wahl, was es sich aus dem vielen, was ihm begegnet, herauspickt, was es aufnimmt und was ihm für sein Leben bedeutsam erscheint. Michael Jackson hätte seine Nase trotz der Sprüche seines Vaters als »richtig« empfinden und auch Martin Luther King hätte seinem Leben eine andere Ausrichtung geben können. Tatsache aber bleibt, dass Kinder aufgrund der Atmosphäre, der Regeln, Ermahnungen, Ratschläge, der Sprüche und Redensarten ihrer Umgebung ihre Sichtweise auf die Welt entwickeln.

Fein, wenn die Stimmung im Elternhaus positiv und aufbauend, anregend und ermunternd ist und dem Kind gegenüber in etwa ausdrückt: »Schön, dass du da bist! Wir werden das uns Mögliche tun, um dich für ein eigenständiges, zufrieden stellendes Leben vorzubereiten.« Ein Kind, das mit diesen »Erlaubnissen« aufwächst, wird später mit einer »Ich bin o.k. – du bist o.k.«-Grundhaltung leben. Und das ist dann eine gute Basis, sich den Ups und Downs des Lebens zu stellen.

Anders sieht es aus, wenn die negativen und destruktiven Eindrücke überwiegen, wenn die Atmosphäre mit Streit und Feindseligkeit geladen ist. Dann hat ein Kind kaum die Chance der freien Wahl. Eine positive Einstellung zum Leben allgemein, zu sich und zu anderen Menschen ist dann erschwert, wenn einem Kind frühzeitig vermittelt wird: »Du bist uns eigentlich lästig!« Oder: »So wie du bist, wollen wir dich nicht!« Das kann durchaus auch nonverbal geschehen. Denn Kinder können sehr gut atmosphärisch spüren, ob die jeweiligen Bezugspersonen sie grundsätzlich bejahen oder ablehnen.

Stumme Vorwürfe können Kinder sehr gut hören!

In solchen Fällen ziehen bereits kleine Kinder im Allgemeinen sehr früh in ihrem Leben (oft schon vor dem 6. Lebensjahr) die Schlussfolgerung: »Ich bin nicht in Ordnung, die anderen sind nicht in Ordnung und das Leben wird mir nichts Gutes bringen!« Klar, dass sich aus einer solchen negativen Grundhaltung kein Lebensdrehbuch mit einem glücklichen Ausgang entwickeln lässt.

Meistens sind sich Eltern oder Lehrer überhaupt nicht bewusst, welche Auswirkungen ihre Aussprüche oder ihr Verhalten auf Kinder haben können. Kinder aber beobachten und hören sehr genau, was um sie herum vorgeht, und ziehen ihre Schlüsse. Sie entwickeln ihr Lebens-Drehbuch aus den angebotenen Möglichkeiten.

Nun kann man ja im Lauf des Lebens auch beschließen: »Gut, was ich da als Kind erzählt bekommen habe, stimmt für mich als Erwachsene überhaupt nicht mehr.« Auch Sie haben das sicher bereits in vielen Bereichen getan. Und doch bleiben immer einige Aspekte erhalten, die man dann im weiteren Verlauf des Lebens hinterfragen kann.

Praxis

Schreiben Sie Ihr Lebens-Drehbuch neu

Viele Lebens-Drehbücher werden in der Kindheit »vor«-geschrieben. Deshalb: Schreiben Sie Ihr Drehbuch selbst! Formen Sie es zu einem Gewinner-Drehbuch um!

Wenn das **Wörtchen** »**wenn**« nicht wär!

Sie würden Ihr Lebens-Drehbuch ja gerne neu schreiben, meinen Sie. Wenn nur nicht ... wäre? Vielleicht hilft Ihnen die nachfolgende Checkliste, den Ursachen auf die Spur zu kommen.

Praxis

Checkliste, um Ihre innere Haltung zu überprüfen

1. Mäkeln Sie öfters an sich herum, sind nicht mit sich zufrieden, weder mit Ihrem Aussehen noch mit Ihrer Körperbeschaffenheit noch mit dem, was Sie tun oder getan haben?
Ja, vielfach _____ nein, weniger

2. Finden Sie, dass Sie ja ganz gut zurecht kämen, wenn nicht ... wäre?
Ja, häufig _____ nein, weniger

Haben Sie Ihr Kreuz bei der Beantwortung der beiden Fragen auf der Skala weit in Richtung »Ja, vielfach« oder »Ja, häufig« gemacht? Sie sagen: »Im Grunde wäre ich ja in Ordnung, wenn ...!« und gehören damit zu denjenigen, die ihre innere o.k.-Haltung von einer Bedingung abhängig machen oder mit einem Konjunktiv verknüpfen? Sie meinen, dass irgendein bestimmter Umstand in Ihrem Leben Sie nachhaltig daran hindert, sich mit sich einig zu fühlen. Wenn nur dies und jenes nicht wäre, dann ... würden Sie ...?

Wer das innere o.k. zu sich selber von einer Bedingung abhängig macht oder mit einem Konjunktiv verknüpft, tut sich im Alltagsleben schwer.

Stellen Sie sich so oft wie möglich vor einen Spiegel, schauen sich in die Augen und sprechen laut zu sich selbst: »Ich bin richtig so wie ich bin!«

> **Annette** erzählte bei unserem ersten Coaching-Gespräch, dass in entscheidenden Situationen in ihrem Leben häufig irgendetwas schief ginge. Sie wisse überhaupt nicht warum. »Ich bereite mich zum Beispiel für ein wichtiges Gespräch gut vor, ziehe mich sorgfältig an, habe meine Unterlagen geordnet dabei, so dass eigentlich alles gut verlaufen müsste. Aber dann plötzlich passiert irgendetwas, ich verliere den Faden, habe einen plötzlichen Blackout, entdecke einen Fleck auf einem Kleidungsstück – und dann verliere ich die Konzentration und komme mir nur noch blöd vor.«

Wir fanden gemeinsam heraus, dass Annette in wichtigen Situationen das Gefühl hatte, sie dürfe keinen Fehler machen. »Das kenne ich von früher«, meinte sie nachdenklich. »Fehler wurden bei uns in der Schule jedes Mal so bestraft, dass man sich ganz dumm vorkam.« Annette erzählte, dass sie sich an ein Erlebnis erinnere, als sie einmal während des Unterrichts gezwungen worden sei, eine halbe Stunde mit dem Gesicht zur Wand zu stehen, weil sie irgendeinen Hinweis des Lehrers nicht beachtet hatte. Diese Demütigung hatte dazu geführt, dass sie sich von da an krampfhaft bemühte, alles richtig zu machen. Nach dieser Erkenntnis war es nicht mehr schwer, Annette zu einer anderen Einstellung zum Thema »Fehler machen« zu verhelfen. Denn Fehler macht jeder und Fehler sind kein Grund, sich bis in die Grundfeste erschüttern zu lassen und dauerhaft »Mini-Dramen des Alltags« zu inszenieren.

Ein weiteres Beispiel soll verdeutlichen, was sich im »Mini-Drama des Alltags« abspielt.

> **Karin,** Schauspielerin von Beruf, suchte meine Beratung, weil sie sich des Öfteren während der Vorstellungen beim Sprechen verschluckte und dann mühsam um ihre Stimme kämpfen musste. Dieser Kampf mit ihrer Luftröhre entzog ihr Kraft, Konzentration und Aufmerksamkeit. Wir fanden gemeinsam heraus, dass sie schreckliche Angst hatte, im Text hängen zu bleiben. Bereits bevor sie sich verschluckte, spürte sie ein Unbehagen und hatte das Gefühl, eine innere Stimme sage zu ihr: »So wie du aussiehst, wirst du ja doch keine gute Schauspielerin sein!«

Auch für sie erwies es sich als nützlich, diese (völlig unlogische) gedankliche Verknüpfung aufzulösen.

Beide, Annette und Karin, haben einen Weg gefunden, ihr »Mini-Drama« zu beenden. Bevor ich Ihnen diesen »Ausstieg aus dem Mini-Drama« beschreibe, ist es hilfreich, diese Mini-Dramen näher kennen zu lernen und zu verstehen, wie sie sich abspielen.

Mini-**Dramen** des **Alltags**

Mini-Dramen sind kurze, sich in irgendeiner Form ständig wiederholende, negativ verlaufende Ereignisse mit einem »Pay-Off«, die die Grundhaltung bestätigen: »Ich wäre ja o.k., wenn nicht ... wäre!« Zu den Mini-Dramen gehören die Geschehnisse, nach denen man zu sagen pflegt: »Das passiert mir immer wieder!« Oder: »Das kann auch nur mir passieren!«

Der Ablauf des Mini-Dramas unterteilt sich in vier Akte, die unter Umständen in Sekundenschnelle aufeinander folgen. Mitspieler sind Sie selber und eine oder mehrere innere Stimmen.

1. AKT: »WENN« UND »WÄRE«

Das Mini-Drama beginnt mit einem abgewandelten Satz aus den vier Grundpositionen. Und zwar insofern abgewandelt, als der Satz immer ein »wenn« enthält und manchmal auch einen Konjunktiv. »Ich wäre ja schon o.k., wenn ... nicht wäre!«

Annette beispielsweise hatte den Leitsatz: »Du darfst keine Fehler machen!« Sie sagte von sich: »Ich bin nur dann wirklich in Ordnung, wenn ich keinen Fehler mache.« Oder umgekehrt: »Wenn ich einen Fehler mache, ist mit mir irgendetwas nicht in Ordnung.«

Karins Leitsatz lautete: »Ich wäre dann eine gute Schauspielerin, wenn ich schöner wäre.« Oder anders ausgedrückt: »Ich wäre dann eine gute Schauspielerin, wenn ich mich nicht dauernd verschlucken würde!«

Mit einem solchen Grundgedanken im Gepäck geht man natürlich schwer beladen auf die jeweilige »Bühne« des Alltags, weil alles, was man tun will, von einer Bedingung abhängt.

2. AKT: EINHALT, ENERGIEVERLUST

Bereits das halb bewusste Denken eines derartigen Konjunktiv- oder Bedingungssatzes entzieht Energie und Aufmerksamkeit und schränkt die Handlungsfreiheit während einer Aktion ein.

Für Annette hieß das, dass sie die Konzentration verlor und unsicher wurde, weil ein Teil ihrer Aufmerksamkeit ja dahin ging, alles »richtig« machen zu müssen. In der Folge trat dann der von ihr geschilderte Blackout auf.

Karin vergaß, kontrolliert zu atmen und verschluckte sich, weil sie ja mit ihrem Aussehen beschäftigt war oder ihre Gedanken darauf fixiert waren, dass sie nur dann eine gute Schauspielerin wäre, wenn sie sich nicht verschlucken würde.

3. AKT: TADEL UND VORWÜRFE

Nun passiert etwas Eigenartiges. Die meisten Menschen verschieben nämlich die Schuld für das jeweilige eigene Missgeschick auf andere. Sie sagen: »Wenn der oder die immer so guckt, kann ich mich ja gar nicht konzentrieren.«

Oder sie rechtfertigen sich. Dann waren eben die Umstände, das Wetter oder sonst irgendetwas schuld und sie konnten nicht anders.

Annette würde vielleicht sagen, der Gesprächspartner hätte sie irritiert, er hätte die Schuld an ihrem Versagen.

Karin kritisierte in solchen Momenten regelmäßig ihren Partner oder ihre Partnerin auf der Bühne – obwohl sie eigentlich genau wusste, dass die keine Schuld hatten.

4. AKT: VERZWEIFLUNG UND SCHLUSSFOLGERUNG

Obwohl sie vordergründig die Schuld bei anderen suchen, wissen die meisten Menschen bereits, während die Mini-Dramen ablaufen, dass die anderen eigentlich nicht schuld am Geschehen sind. Irgendeine Erklärung brauchen wir aber stets, um Vorgänge einzuordnen.

Deshalb erfolgt im vierten Akt die jeweilige Schlussfolgerung, eine Art Bilanz des Geschehens. Und die wird üblicherweise in einem »Mit mir stimmt eben irgendetwas nicht!« oder ähnlichen abwertenden Gedanken oder Aussprüchen ausgedrückt. Und das ist dann die Bestätigung dessen, was man eh schon ahnte und damit das negative »Pay-Off«, mit dem das Mini-Drama des Alltags endet.

Und so schließt das Mini-Drama immer mit mehr oder weniger Verzweiflung. »Mich versteht ja doch keiner.« »Ich schaff das nie!« und ähnlichen niederschmetternden (meist stummen) Selbstvorwürfen.

Nicht jedes Mal werden alle vier Akte durchgespielt. Der dritte Akt beispielsweise kann durchaus ausgelassen werden. Dann geht es sofort nach der Unterbrechung, wie sie im zweiten Akt beschrieben wird, in den vierten Akt und damit in die negative Selbstbestätigung.

Kennen Sie solche Mini-Dramen in Ihrem Alltag, im Beruf, beim Sport oder wenn Sie mit anderen Menschen zusammen sind?

Wie oft sagen Sie »Wenn ...« und »Wäre ... «?

Praxis | Aussteigen aus dem Mini-Drama

Was können Sie tun, um Mini-Dramen nicht mehr zu spielen? Da Sie selbst die einzige reale Akteurin sind, können auch nur Sie selbst den Ablauf steuern. Überlisten Sie sich doch einmal selbst: Stellen Sie sich eines Ihrer eigenen Mini-Dramen genau im Ablauf vor:

Mit welchem Gedanken oder mit welchem Gefühl beginnt es?
Welches Bild taucht auf?
Was spüren Sie?
Hören Sie eine innere Stimme?

Beobachten Sie anschließend beim nächsten Durchlauf eines Mini-Dramas genau, was sich in Ihnen abspielt. Es ist wichtig, dass Sie sich selbst genau den Ablauf bewusst machen.

Wenn Sie dann beim darauf folgenden Mal den Beginn bemerken, unterbrechen Sie das Geschehen mit einem Trick. Denn was Sie jetzt brauchen, ist ein bisschen Zeit, um rechtzeitig aus dem Mini-Drama auszusteigen, bevor Sie unfreiwillig den dritten Akt inszenieren. Machen Sie eine kurze Pause, um den Fortgang des Geschehens zu unterbrechen.

Nehmen Sie zum Beispiel Ihr Taschentuch und putzen Sie sich die Nase, schauen Sie in Ihre Aktentasche und holen Sie einen Kugelschreiber – tun Sie irgendetwas, das den Ablauf unterbricht und Ihnen einen Moment Zeit gibt.

Atmen Sie während dieser kurzen Pause tief ein und aus. Lenken Sie Ihren Atem in den Kopf oder an die Stelle des Körpers, die sich verkrampft und die Mitarbeit verweigert. Lösen Sie die Verkrampfung in Ihren Händen, Füßen oder im Nacken. Das geht in Sekundenschnelle und bringt Ihnen »Luft«.

Wenn's ganz schlimm kommt und irgendwie möglich ist, gehen Sie auf die Toilette. Das ist ein wunderbarer Ort, um das innere Gleichgewicht wieder herzustellen. Dort können Sie auch die Polaritäts-Übung einschieben, die Sie gleich im Anschluss an diese Übung finden.

Wichtig ist, den Ablauf des Mini-Dramas zu unterbrechen und aus dem aktuellen Geschehen »auszusteigen«. Anschließend sind Sie mit Sicherheit wieder in der Lage, Ihre Belange wahrzunehmen, also sich wieder selber zu steuern.

Probieren Sie es aus! Und haben Sie Geduld mit sich. Neues einzuüben braucht Zeit!

Praxis — Übung, um das innere Gleichgewicht wieder herzustellen

Diese Übung können Sie im Stehen oder im Sitzen machen. Sie dauert nicht lange und hat eine erstaunliche Wirkung.

Kreuzen Sie Ihre Füße, so dass der rechte Fuß vor dem linken steht.
    Halten Sie die Arme locker ausgestreckt vor Ihrem Körper nach unten und kreuzen Sie die Hände, so dass der linke Arm über dem rechten liegt und die Handflächen zueinander zeigen.
    Falten Sie die Hände von dieser Haltung aus, so dass die Handflächen nach innen zeigen.
    Jetzt ziehen Sie die gefalteten Hände nach innen am Körper hoch. Die Hände befinden sich jetzt ungefähr in Höhe des Schlüsselbeins.
    In dieser Haltung atmen Sie dreimal tief ein und aus.
    Atmen Sie durch die Nase ein, die Zunge möglichst oben am Gaumen, und atmen Sie durch den Mund aus, wobei dann die Zunge wieder unten liegt. Spüren Sie in sich hinein.

Diese Übung können Sie fast überall einschieben, wenn Sie merken, dass Sie aus der inneren Balance geraten.

Eine Frage zum Nach-Denken
»Welche Botschaften aus meiner Kindheit haben mich geprägt?«

Erlaubnis auf dieser Station
»Du darfst dich o.k. fühlen, auch wenn du Fehler machst!«

Selbstaffirmation
»Ich schreibe mein eigenes Lebens-Drehbuch!«

Grenzen des **Selbstcoachings**

Fortlaufend in Mini-Dramen verwickelt zu sein, kann der Lebensgestaltung eine sehr negative und deprimierende Ausrichtung geben. Wenn Sie, auch mit den oben angegebenen Hilfsmitteln, nicht herauskommen und Ihr »Pay-Off« darin besteht, sich selbst zu bestätigen, dass Sie nicht o.k. sind, ist es empfehlenswert, sich Unterstützung bei einem/einer BeraterIn zu holen.

Station 5

»Kopf-
bewohner«

Auf dieser Station haben Sie Gelegenheit, Ihre »Kopfbewohner« als Mitentscheider über Ihr Leben zu erkennen und auf deren Wirksamkeit hin zu untersuchen. Denn die »Kopfbewohner« haben zuweilen die Angewohnheit, mit ihren Anweisungen in unser Leben hineinzufunken und uns die Dinge unnötig zu erschweren.

In dieser Station können Sie überprüfen, wieweit Sie wirklich selber über Ihr Leben bestimmen und in welchen Bereichen Sie »fremdgesteuert« leben.

Mit »Kopfbewohnern« (den Begriff übernehme ich von der Transaktionsanalytikerin Mary Goulding) sind Gedanken, Empfindungen und Gefühle gemeint, die unser Handeln anspornen oder aber sich störend in unsere Vorhaben und Pläne einmischen. Sie begleiten unser Leben. Sie können uns aufbauen oder durch ihr großes Repertoire an zersetzenden Sprüchen das Leben ganz schön schwer machen.

»Kopfbewohner« treten in vielerlei Arten auf. Da gibt es beispielsweise die ermunternden (»Du schaffst das schon!«) und aufbauenden (»Probier's nur, es wird schon irgendwie gehen! Und wenn's nicht geht, suchst du dir Hilfe!«). Häufiger sind aber meiner Beobachtung nach die störenden (»Was machst du denn da schon wieder!«), ablenkenden (»Du musst das so und so machen!«) bis hin zu den quälenden Antreibern (»Sei perfekt!«, »Sei stark!«, »Streng dich an!«) und sogar den inneren Saboteuren (»Natürlich, solch einen Mist baust du ja immer!«).

Zu den »Kopfbewohnern« zählen übrigens auch alle stummen inneren Aufforderungen oder Regeln, die ein »man« enthalten: »So was tut man nicht!«, »So kann man das nicht machen!«, »Dann muss man eben dies und jenes machen!«

> Nadja hatte eine Familienphase hinter sich, als sie wieder in die Berufstätigkeit »einstieg«. Sicher waren ihr manche Abläufe inzwischen ungewohnt und sie brauchte eine Zeit, sich wieder in die Routine der Arbeitsabläufe einzufinden. Es schien ihr aber dennoch so, als seien ihre Chefin und ihre Kollegen ganz zufrieden mit ihr.
>
> Sie selbst fand aber jetzt ständig etwas an ihrer eigenen Leistung auszusetzen – selbst wenn sie von ihrer Chefin oder ihrer Kollegin Anerkennung erhielt. Sie schilderte ihr Erleben so: »Lob oder Anerkennung tun mir gut, gehen mir sozusagen warm unter die Haut. Aber dann höre ich sofort eine Stimme, die sagt: › Glaub's nicht!‹ . Und dann ist das gute Gefühl fort.«

Wie »**Kopfbewohner**« entstehen und warum sie oft viel **Macht über unsere Gedanken** haben

Spätestens in der Schulzeit müssen sich Kinder in soziale Gemeinschaften einfügen, in denen vorgegebene Regeln und Leistungsrichtlinien herrschen. Sie müssen das »Know-how« für das weitere Leben lernen, »vernünftiges« Handeln einüben und berechnen lernen, welche Folgen das jeweilige Handeln mit sich bringt oder nach sich zieht.

Kinder müssen ihre Grenzen kennen lernen und sie sollten die Möglichkeit haben, ihre Grenzen auszuloten. Dabei müssen sie vor

Gefahren geschützt werden und lernen, wie sie sich selber vor Gefahren schützen. Dazu ist die wohlwollende Unterstützung durch Eltern, Lehrer oder die jeweiligen Bezugspersonen notwendig.

Leider übertreiben viele Erwachsene in ihrem Bemühen, den Sprösslingen die Spielregeln des Lebens nahe zu bringen. Sie haben alle möglichen Sprüche au f Lager, mit denen sie die Kinder traktieren. Oder sie geben ihren Kindern Botschaften oder Richtlinien mit auf den Lebensweg, wie beispielsweise: »Sei immer freundlich!«, »Weine nicht vor anderen!«, »Stell keine Ansprüche!«, »Halt dich zurück!«, »Mach's anderen recht!«, »Sei immer perfekt!«, »Mach keine Fehler!«, »Zeig keine Schwäche!« und so fort.

Diese Sprüche sind es, die wir dann später im Leben mit uns herumtragen, die sich als innere Stimmen und eben als »Kopfbewohner« in unser Leben einmischen, sich aufdrängen, eingreifen und uns in unserem freien Handeln drosseln.

Kurzer **Rückblick** in Ihre Schulzeit

Denken Sie einmal zurück an Ihre Schulzeit. Wie war es in Ihrem Elternhaus, im Kindergarten, in der Schule? Wurden Sie liebevoll und behutsam mit den Regeln und Vorschriften vertraut gemacht? Hatten Sie Spielraum, um auszuprobieren, wie Sie damit umgehen konnten?

Oder empfanden Sie vieles als einengend und Ihre Entfaltung einschränkend? Wurden Sie mit strengen Blicken, vielen Worten oder so genannten Sprichworten zurechtgewiesen?

Damit Ihnen Ihre Kopfbewohner nicht ständig in Ihr Leben hineinpfuschen, ist es notwendig, sich mit ihnen zu beschäftigen und sie kennen zu lernen. Nur so können Sie allmählich die Führung über sie erlangen.

Erinnern Sie sich gerne an Ihre Schulzeit?

Es muss dabei bei Ihnen oder in Ihnen nicht so dramatisch zugehen wie es eine Klientin von mir einmal formulierte:

> **Frauke** ist Lehrerin an einem Gymnasium, hat einen eigentlich ungeliebten Beruf, den sie auf Wunsch ihres Vaters ergriffen hat. Sie sagt: »Ich habe das Gefühl, ich entscheide gar nicht über mein Leben. Ich lebe gar nicht selber. Ich glaube, ich werde gelebt!« Auf mein Nachfragen, wer sie denn lebe, von wem sie denn gelebt werde, seufzte sie: »Wenn ich mal das tun will, was ich wirklich will, meldet sich sofort in meinem Kopf die Stimme meines Vaters: »Das darfst du nicht! Das kannst du nicht! Das tut man nicht! – lauter Verbote, die mich dann erschrecken. Und ganz oft verzichte ich dann darauf, meinen Willen durchzusetzen oder das zu tun, was meinen Wünschen entspricht.« Sie beschrieb weiter, dass sie sich dann oft ganz konfus fühle, weil ihr Vater ja gar nicht mehr lebe, aber wie eine unsichtbare Kraft in ihr Leben hineinfunke. Außerdem hätte er jede Menge Sprichwörter auf Lager gehabt, die jetzt in ihrem Kopf herumspukten – ob sie das wolle oder nicht. Der Spruch »Vögel, die früh am Morgen singen, holt am Abend die Katze« hätte sie zum Beispiel jahrelang daran gehindert, morgens vor 9 Uhr zu singen!

Sprüche im Kopf, die unangemeldet in allen möglichen Situationen auftauchen und sich in unser Leben einmischen, kennt sicherlich jeder. Sie müssen nicht so quälend sein wie es Frauke erlebte, und es müssen nicht so viele sein, wie es anscheinend bei Marylin Monroe der Fall war. Einer ihrer Biografen, Donald Spoto, berichtet nämlich von einem Gespräch Marylins mit einer Freundin. Als die ihr einmal von einem Konflikt erzählte, bei dem sie das Gefühl hatte, in ihrem Inneren meldete sich andauernd eine fremde Stimme zu Wort, hätte Marylin geantwortet: › Du hast nur eine Stimme? Ich hab eine ganze Volksversammlung!‹ «

Aber wer kennt sie nicht, die inneren Stimmen, die uns sagen, was sie für richtig und falsch, angemessen oder unangemessen halten, die uns weismachen wollen, dass das alles nicht so gut ist, was wir da gerade machen, die uns tadeln, uns in unseren Plänen ausbremsen wollen, unsere Entscheidungen beeinflussen und uns mit ihrem vehementen Gegeneinander das Leben erschweren – und dabei meistens auch noch maßlos übertreiben.

Lernen Sie daher Ihre »Kopfbewohner« genau kennen und programmieren Sie diejenigen, die Ihnen nicht mehr nützlich sind, zu aufmunternden und motivierenden Verbündeten um!

Diese Übung braucht etwas Zeit und ist in zwei Abschnitte unterteilt.

Praxis
Lernen Sie Ihre »Kopfbewohner« kennen

Nehmen Sie sich bitte einen Malblock und einen oder mehrere Stifte zur Hand.

Stellen Sie sich nun vor, Sie planen ein Projekt umzusetzen, eines, wie Sie es bisher noch nie in Angriff genommen haben, das Ihnen vielleicht schon lange insgeheim vorschwebt. Am besten, Sie stellen sich ganz konkret vor: »Ich will das und das machen!«

Anschließend zeichnen Sie für jeden Gedanken, jede Stimme, jeden Spruch, der jetzt in Ihnen auftaucht, ein kleines Strichfigürchen mit einer Sprechblase, in die Sie den Gedanken oder den jeweiligen Ausspruch Ihres »Kopfbewohners« hineinschreiben.

Wenn Sie fertig sind, schauen Sie sich Ihr Werk an! Es spielt keine Rolle, ob Sie nur zwei oder ob Sie zwanzig »Kopfbewohner« entdecken konnten. Das ist bei jedem Menschen unterschiedlich.

Jetzt geben Sie jeder Figur einen Namen.

Wenn Sie Ihr Innenleben gezeichnet haben, schauen Sie sich das Ganze einige Zeit an.

Waren einzelne »Kopfbewohner« besonders laut und besonders schnell auf der Bildfläche? Kamen andere vielleicht erst nach und nach zum Vorschein, eine/einer vielleicht kaum zu Wort? Nehmen sich manche furchtbar wichtig? Sind einige besonders wortgewaltig? War da auch jemand, der diese Übung »kindisch« fand?

Ihrer Fantasie und Spielfreude sind keine Grenzen gesetzt!

Da kann es den (oder die) Beschwichtiger geben, den Ankläger, die Schüchterne, die Träumerin, den Faulpelz, Frau Zimperlich, die Übertreiberin, den Vamp, die Ewige Rechthaberin, die Zweiflerin – und viele andere.

Wichtig ist, dass Sie das Vielerlei in Ihrem Kopf jetzt bildhaft vor sich sehen. Ganz so, wie sie als Gedanken, Bilder oder Personen mit ihren Sprüchen in Ihrem Innern auftauchen, groß oder klein, laut und wichtigtuerisch, mit Führungsanspruch oder unauffällig und leise flüsternd.

Frauke zum Beispiel benannte als Erstes eine Figur »Rothenburger Bremser«, weil sie selber aus Rothenburg stammte. Deren Stimme kannte sie seit ihrer Kindheit als inneren Boykotteur.

Praxis **Programmieren Sie Ihre Kopfbewohner um**

Wenden Sie sich jetzt an einen, der eine maßgebliche Rolle unter den anderen »Kopfbewohnern« spielt, der sich vielleicht sofort mit seinen (oder ihren) Sätzen aufgedrängt hatte, als Sie mit der Übung begannen. Fragen Sie ihn (oder sie): »Was willst du mir *eigentlich* sagen?«

Gehen Sie weiter in Kontakt mit denen, die Sie gezeichnet haben: »Was kannst du Konstruktives für mich tun, anstatt mich dauernd zu bremsen?«

Fragen Sie auch die unauffälligen, leisen, auf die Sie üblicherweise sonst wenig achten: »Wie kannst du mir helfen?« Oder: »Was hast du mir zu sagen, was mir nützlich sein könnte?« Oder: »Weshalb hast du dich bisher so zurückgehalten?«

Es ist möglich, dass auch Ihre wildesten inneren Kritiker Ihnen eigentlich nur helfen und Sie vor Gefahren schützen wollen.

Und es ist auch möglich, dass die Zurückhaltenden unter Ihren »Kopfbewohnern« ganz wichtige Dinge zu sagen haben.

Bewahren Sie Ihre Zeichnung auf und lassen Sie die Eindrücke auf sich wirken. Überschlafen Sie es, wie in Station eins beschrieben.

Nadja fand während des »Umprogrammierens« ihres Miesmachers »Glaub's-nicht« heraus, dass der »Glaub's nicht!«-Spruch von ihrer Großmutter stammte, die sie eigentlich lediglich hatte davor warnen wollen, allzu vertrauensselig auf andere Menschen zuzugehen.

Fragen zum Nach-Denken
»Wer hat mein Leben positiv beeinflusst?«
»Wer hat mein Leben negativ beeinflusst?«

Erlaubnis auf dieser Station
»Du darfst deine Kopfbewohner infrage stellen!«

Selbstaffirmation
»Ich suche mir aus dem Vielerlei das für mich Richtige heraus!«

Grenzen des Selbstcoachings

Professionelle Hilfe sollten Sie in Anspruch nehmen, wenn Ihnen beim Lesen der fünften Station sehr viele belastende Ereignisse aus Ihrer Kindheit eingefallen sind, deren Wirkung ins Hier und Jetzt Sie vielleicht bisher unterschätzt hatten, wenn Sie sich unfrei fühlen, sich gegen Ihre »Kopfbewohner« nicht zur Wehr setzen können oder sich durch sie in vielen Situationen verwirrt fühlen.

Station 6

Gaspedal und Bremse

Maria, eine Fahrlehrerin, die von früh bis spät Menschen um sich hat, sei es im Fahrunterricht oder in Schulungskursen, hatte das Gefühl, eine Menge destruktiver »Kopfbewohner« mit sich herumzuschleppen.

Maria seufzte: »Was ist nur los mit mir? Wenn ich alleine bin, fühle ich mich einsam, gehe ich unter Menschen, geht's mir auch nicht besser. Denn dann fühle ich mich ganz schnell unsicher und hilflos – und eigentlich auch irgendwie überflüssig. Ich weiß überhaupt nicht mehr, was ich eigentlich will, kann mich nicht mehr entscheiden. Meistens fühle ich mich total unsicher. Soll ich meinen Job wechseln? Soll ich mich von meinem Partner trennen oder bei ihm bleiben? Alles ödet mich an, aber vor einem Wechsel habe ich Angst. Und dabei muss ich ja auch noch von morgens bis abends im Job funktionieren.«

Sie war wirklich nicht gut drauf, denn dies ist nur ein Ausschnitt aus ihren Klagen, als sie zu mir kam und Beratung suchte. Die »Kopfbewohner« verleideten ihr mit ihren widersprüchlichen Stimmen und Kommentaren das Leben, vertrieben ihr in guten Zeiten ihre Lebensfreude und hatten zu allem, was sie tat, etwas zu sagen. »Ich habe nicht mehr das Gefühl, mein Leben im Griff zu haben und fühle mich irgendwie ausgeliefert«, war ihr trauriges Fazit.

Vielleicht kennen Sie derartige Situationen auch und können nachvollziehen, dass sich Maria in einer schwierigen Phase befand. Sie zweifelte nämlich daran, jemals aus diesem Zwiespalt herauszufinden.

Im Gegensatz zu Maria hatte ich überhaupt keine Zweifel: Sie befand sich mitten auf der sechsten Station ihrer Entwicklungsreise und damit in einer Identitätskrise, die durch Zweifel, Unsicherheit, Unruhe, dynamisches Geschehen und widerstreitende Strebungen gekennzeichnet ist. Heute dies und morgen das und dabei immer das schlechte Gefühl, alles falsch zu machen und nicht zu wissen, wo es eigentlich lang gehen sollte. Auch bei Rena war diese Irritation zu spüren

> Rena, die als Graphikerin in einem Verlag arbeitet, berichtete: »Ich mache einen Entwurf, finde ihn gut – und am nächsten Tag kommt mir alles blöd vor. Ich zweifle an allem, ob ich was kann, ob es gut ist, ob's die anderen wollen – fürchterlich!«, stöhnte sie. »Es gibt Tage, da hämmert's in meinem Kopf vor Selbstvorwürfen. In mir ist ein ständiges Hin und Her und das kostet mich meine ganze Energie.« Rena war so schlecht drauf, dass sie bezweifelte, jemals etwas richtig und gut gemacht zu haben.

Im Coaching stellte sich heraus, dass Rena eigentlich davon träumte, sich selbstständig zu machen. Aber wenn sie nur daran dachte, tauchten in ihr so viele mäkelnde und herabsetzende »Kopfbewohner« auf, dass sie den Gedanken an Selbstständigkeit sofort wieder in die hinterste Ecke ihres Kopfes schob.

Und so ist das auf der Station sechs: Man will etwas und auch wieder nicht! Man fühlt sich als hätte man einen Fuß auf dem Gaspedal und den anderen auf der Bremse.

Anregungen für Lösungen in Zeiten von Unruhe und Selbstzweifel gibt es in den folgenden Abschnitten.

Altes kämpft gegen Neues

Die sechste Station ist die Station der Irritation, auf der uns Selbstzweifel und Minderwertigkeitsgefühle beherrschen. Und das heißt, wenn wir wieder mal in einer Krise stecken, tauchen regelmäßig Ambivalenz, Zweifel und Unsicherheit auf. Wir reagieren vielfach empfindlich, verletzlich, überkritisch, sind labil und leiden an wechselnden Stimmungen. Unlust regiert und man hat das Gefühl, alles fällt auseinander. Man möchte allein sein – und auch wieder nicht, genau, wie es Maria schilderte. Der Wunsch, sich von alten Inhalten abzulösen, und gleichzeitig die Angst vor neuen Schritten beherrschen die Gedanken, wie es bei Rena der Fall war. Man möchte alles anders machen als bisher und sieht doch noch keinen Weg, geschweige denn ein Ziel.

Nützt Ihnen das, was Sie einmal gelernt haben, heute noch?

Deshalb entsprechen die Aufenthalte auf dieser Station stets sehr unangenehmen und schwierigen Lebensphasen, die man durchstehen muss, bevor es weitergeht. Und das leider immer wieder im Leben in Zeiten der inneren Veränderung. Erst wenn diese Phase durchgestanden und abgeschlossen ist, geht's weiter.

Jetzt kämpfen unsere Neigungen, Ansprüche und Forderungen miteinander beziehungsweise gegeneinander: alte, erlernte Spielregeln gegen neue und eigene Wünsche und Bedürfnisse. Man zweifelt an der Richtigkeit und am Sinn bisheriger Ansichten und Überzeugungen, traut aber den eigenen und neuen Erkenntnissen noch nicht so recht, weiß noch nicht, wohin die Reise eigentlich gehen soll.

Unsicherheit in Bezug auf die eigenen Fähigkeiten und Möglichkeiten plagen uns in solchen Zeiten in allen möglichen Situationen und Lebensbereichen. Einerseits will man etwas tun, andererseits traut man sich oft nicht zu, Dinge durchzusetzen und zu handeln.

Häufig kehrt man deshalb zu den alten Lebensmustern zurück, ohne neue gefunden oder ausprobiert zu haben. »Da kann man nichts machen!«, höre ich dann von Klienten. Oder: »So ist eben das Leben!« Oder auch: »So bin ich eben!« Solche Gedanken und Aussprüche sind die Sackgassen auf dem Entwicklungsweg und führen rückwärts statt vorwärts.

Kurzer **Rückblick** in die Zeit Ihrer **Pubertät**

Wenn Sie an Ihre Pubertät zurückdenken, dann war das auch die Zeit, in der Sie sich gegen Regeln und Hinweise, gegen Ordnungen und Gesetze wehrten. Irgendwann wollen Jugendliche in der Pubertät raus aus diesem »Nur so und nicht anders« und all den elterlichen Dogmen und Erziehungsregeln.

In der Pubertät ist man das erste Mal auf dieser sechsten Station, dem Ort der Krisen, des Selbstzweifels, des Infragestellens, des Protestes gegen die erlernten und eingeübten Ordnungen. Sicher, so geplagt wie in der Pubertät ist man in späteren Krisenzeiten meist nicht mehr. Aber immer wieder treten im Leben Phasen auf, in denen es allerorten kriselt und man meint, nun ginge nichts mehr.

Krisen gehören zum Leben.

Anfang alles Neuen ist unruhige Bewegung, Chaos. Ebenso wie bei Renovierungsarbeiten erst einmal alle vorher überdeckten Schadstellen freigelegt und damit sichtbar werden, zeigen sich in Krisenzeiten viele vorher verdrängte, verleugnete oder in den hintersten Winkel des Bewusstseins verschobene Störfaktoren. Das, was vorher unter der Oberfläche verborgen war, wird nun sichtbar. Nun geht es darum, sich den auftauchenden Fragen zu stellen, alte Lösungsmuster zu hinterfragen, sich von eingefahrenen Bahnen zu verabschieden und neue Wege zu suchen.

Wahrscheinlich hatten Ihre Eltern oder Bezugspersonen Schwierigkeiten, Sie in der Zeit der Pubertät zu verstehen. Zu fremd war ihnen, was Sie von sich zeigten. Wie sollten sie Sie auch verstehen, da Sie ja meistens selber nicht begriffen, warum Ihre Stimmungen so häufig wechselten, warum Sie heute andere Ziele hatten als gestern. Und genau dieses Unverständnis zeigt die Umgebung meistens, wenn jemand ausbrechen will aus festgelegten und fest gefügten Welten. Susi sang davon ein trauriges Lied.

> Susi, die ihren Beruf als Arzthelferin sehr gerne macht, kennt diese Selbstzweifel: »Ich bin einfach nur noch unzufrieden. Ich weiß, dass ich allen in meiner Umgebung auf die Nerven gehe. Ich kann auch nicht klar sagen, was mir eigentlich fehlt, wenn mich jemand fragt. Das wird auch nicht mehr lange gut gehen, man hat es mir in der Arztpraxis, in der ich im Empfang arbeite, bereits signalisiert.« Susis Chef hatte nämlich mit dem ihm eigenen Fingerspitzengefühl gesagt, sie solle sich jetzt mal zusammenreißen.
> »Ich merke auch, dass mein Mann sich von mir zurückzieht. Aber so, wie mein Leben jetzt aussieht, sehe ich keinen Ausweg.«

»Ich weiß einfach nicht mehr weiter!«, ist häufig das, was Menschen in dieser Phase spüren. Man kann nicht mehr klar denken, sieht überhaupt keine Perspektive mehr.

Wege aus **Sackgassen** und Zwickmühlen

Der erste Schritt aus einer Krise führt über die Akzeptanz Ihres Zustandes. Sagen Sie zu sich selber: »Ja, so ist das. Ich bin gerade in einer schwierigen Lebensphase und ich vertraue darauf, dass ich eine Lösung finden werde!«

Von Buddha wird berichtet, auch er sei immer wieder von Zweifeln befallen worden. Bildhaft wird in seiner Lebensgeschichte dieser Zustand des Zweifelns und der inneren Unruhe als Person dargestellt. Buddha nennt den Zweifel »Mara«. Mit den Worten: »Mara, mein Freund, ich kenne dich gut«, begegnete er Mara und – so berichtet die Legende – der verschwand dann ganz einfach. Das Einzige, was Buddha tat, war, Mara entgegenzutreten, ihm ins Auge zu sehen und ihn anzulächeln.

Wenn wir in schweren Zeiten unsere Lage annehmen, haben wir bereits aktiv den ersten Schritt in Hinsicht auf eine Besserung unserer Situation unternommen. Sie sind mit einer solchen positiven inneren Haltung nicht mehr auf der Flucht, sondern sehen der Situation ins Auge und stellen sich der Realität.

Dabei ist eines ganz sicher: Wie immer Sie sich auch fühlen, Leidensmiene und hängende Schultern bringen Sie nicht weiter. Mit dem äußeren Ausdruck eines »Opfers« signalisieren Sie zwar für andere Menschen, dass es Ihnen nicht gut geht, aber nur in verschlüsselter Form. Vielleicht erwarten Sie im Geheimen, dass jemand auf Sie zukommt, Ihnen hilft, Ihnen Verständnis zeigt und Wärme und Zuneigung gibt. Der bessere und Erfolg versprechendere Weg ist jedoch, sich das bei anderen abzuholen, was Sie sich erhoffen.

Äußern Sie Ihre Wünsche und Erwartungen direkt. Gerade unter Freundinnen ist es meistens gut möglich zu sagen: »Ich brauche Hilfe, hast du Zeit für mich?« Oder auch: »Nimm mich bitte in den Arm, ich brauche das jetzt mal von dir!«

Hin und wieder ist es nicht möglich, sofort zu einer Lösung in einer schwierigen Situation zu gelangen. Aber es ist möglich, »Ja« zu einer Situation zu sagen, die man im Moment nicht ändern kann.

Was Sie praktisch tun können, um sich weiterzuhelfen, lesen Sie im nächsten Abschnitt.

Unsicherheit und Selbstzweifel – wann zeigen, wann nicht?

Sie stecken in einer Lebenskrise, wollen das aber in Ihrem beruflichen Umfeld nicht zeigen? Gleichzeitig fehlt Ihnen Ihre sonstige Energie und andere merken natürlich, dass irgendetwas mit Ihnen nicht so ist wie sonst?

In Märchen stehen den Helden und Heldinnen oft drei Wünsche frei, die ihnen in ausweglosen Situationen weiterhelfen. Für Ihr reales Leben kann Ihnen heute leider keine Märchenfee diese Möglichkeit bieten. Aber Sie können selbst etwas tun, nämlich aus folgenden drei Möglichkeiten auswählen, welches Verhaltensmuster für Sie das günstigste ist, wenn Sie die nächste Krise »anfällt«.

EINE AUSZEIT NEHMEN

Wenn sich nicht – wie so oft in Krisen – eine Krankheit von selber einstellt, »schaffen« Sie sich eine an! Eine Erkältung oder Grippe zu Hause verbracht kann wahre Wunder an innerer Klarheit mit sich bringen. Auf dem Sofa liegen, nachdenken, mit Menschen des Vertrauens reden, die Situation analysieren, mögliche Auswege überlegen, Lösungen entwickeln, verwerfen und noch mal überlegen und dann – auf einmal ist es überstanden. Da kommt dann plötzlich wieder die erste Station über Nacht zur Wirkung. Sie müssen sich gar nicht anstrengen. Sie brauchen manchmal nur etwas Ruhe, Zeit und Abstand.

Nehmen Sie Ihr Problem ernst und gönnen Sie sich eine Verschnaufpause! Auch ein Wochenende ohne Verpflichtungen und Termine mit viel Zeit zum Nachdenken und -spüren kann Wunder wirken!

ABSTAND VON SICH SELBER NEHMEN

Stellen Sie sich vor, Sie sitzen auf einem Hochsitz und blicken zu sich selber hinunter.

- Schauen Sie sich eine Weile zu und beobachten Sie sich.
- Wie sieht die Person aus, die Sie sehen?
- Was denkt sie?
- Was fühlt sie?
- Was möchte sie gerne tun?
- Was hindert sie, das zu tun, was sie möchte?
- Wo und bei wem könnte sie Hilfe finden?

Vielleicht haben Sie Lust, eine kleine Geschichte über die Person zu schreiben, die Sie von Ihrem inneren Hochsitz aus sehen? Dann beschreiben Sie sie in der dritten Person, als handele es sich um jemand anderes.

Es geht dabei darum, Ihr Problem aus einer gewissen Distanz heraus wahrzunehmen und dadurch mehr darüber zu erkennen. Für Ihre Lösungssuche ist es wichtig zu wissen, was genau Sie da so in den Klauen hält.

Wenn Sie zu sich selber auf Distanz gehen, entdecken Sie wahrscheinlich die Ursache dessen, was Sie so umklammert, dass Ihre Bewegungsfreiheit eingeschränkt ist und Sie sich so schlaff fühlen.

ABSTAND ZU ANDEREN HERSTELLEN

Es kann ja sein, dass Sie nicht umhin kommen, Ihren Kollegen oder anderen Personen, die nicht Ihr volles Vertrauen besitzen, Auskunft über Ihre momentane missliche Situation geben müssen. Dann ist es empfehlenswert, Ihr Problem oder Ihre Gefühle so zu beschreiben, als säßen Sie noch auf dem Hochsitz: »Ja, ich habe gerade ein Problem und das treibt mich um!«, »Ich fühle mich nicht so leistungsfähig wie sonst, weil ich ein (berufliches/privates) Problem habe, das schwer zu lösen ist!« Wenn Sie einen Auftrag erledigen müssen, sich dazu aber momentan nicht in der Lage sehen: »Geht es, dass ich mich erst nächste Woche darum kümmere?« Mit dieser oder ähnlichen Formulierungen können Sie sich im Umgang mit anderen sowohl beruflich wie privat über schwierige Zeiten helfen, ohne ins Detail zu gehen und über die Ursache Ihrer Befindlichkeit sprechen zu müssen.

KERNSATZ
Vorher überlegen, was Sie anderen mitteilen wollen!
Nicht rechtfertigen! Nicht jammern!

In dem Moment, wo Sie anderen Auskunft über sich geben, nicht »drin« sein im Problem, sondern »dran« sein, so, als säßen Sie noch auf dem Hochsitz, schauten zu sich herunter und erzählten über sich.

Das ist ein Unterschied in der Haltung, der Ihnen genügend Energie gibt, um nach außen zu funktionieren. Denn es gibt immer übel meinende Kollegen und Kolleginnen, die es auszunützen verstehen, wenn es anderen mal nicht gut geht.

> Sind Sie als ganze Person betroffen oder nur ein Aspekt Ihrer Persönlichkeit?

Beschreiben Sie also, was mit Ihnen los ist, als beschrieben Sie jemanden anders!

Es gibt Krisen, die erfassen den ganzen Menschen, krempeln alles um, stellen das ganze Leben infrage. Sie betreffen uns in unserer ganzen Person, stellen sogar unsere gesamte Identität infrage und bringen alles Bisherige durcheinander. Das sind die Schicksalsschläge, Unfälle, plötzlichen Unglücke, schweren Krankheiten, also Ereignisse, die unser Leben völlig aus der Balance bringen können.

Und es gibt kleinere Krisen, die oft mit einer der Funktionen oder Rollen zusammenhängen, die man im Leben einnimmt, und nur Teilbereiche betreffen.

Maja ist Assistentin im Vorstandsbüro eines großen Konzerns. An sich ist sie durch Trubel und Hektik nicht sofort aus der Ruhe zu bringen. Aber es gab Tage, da agierte ihr Chef so unbeherrscht, dass es für sie kaum noch zu ertragen war. Er verteilte dann ungerechterweise Vorwürfe, und zwar laut, direkt und so unangenehm, dass sich Maja erst einmal heulend auf die Toilette zurückzog.

Natürlich nahm sie dies Problem mit nach Hause, schlief schlecht und ging dann am nächsten Morgen unmotiviert und mit schweren Füßen ins Büro.

Bis zu jenem Tag, an dem sie entschied: »Ich lasse mir von dem Gehabe doch nicht mein Privatleben mies machen!« Dieser Gedanke – im Gespräch mit ihrer Freundin entstanden, war der Auslöser für eine Kette von Verhaltensänderungen im Umgang mit ihrem Chef.

Beim nächsten cholerischen Anfall ihres Vorgesetzten blieb sie ruhig an ihrem Schreibtisch sitzen. Sie antwortete nicht, verteidigte sich nicht und zeigte sich keinesfalls derart erschüttert, wie das sonst der Fall gewesen war. Überrascht zog sich ihr Chef erst einmal in sein Büro zurück.

Die Kraft und den Mut zu dem für sie neuen Verhalten hatte sich Maja aus einem von diesen Problemen nicht betroffenen Bereich ihres Lebens geholt, nämlich im Gespräch mit ihrer Freundin. Inzwischen kommen derartige cholerische Ausbrüche des Chefs – jedenfalls ihr gegenüber – nicht mehr vor. Maja hat das Gefühl, als sei die Achtung ihres Chefs ihr gegenüber gestiegen, als respektiere er sie für ihre Ruhe und Überlegenheit.

Denken Sie beim nächsten Mal, wenn es für Sie kritisch wird, daran: Herrscht in einem Lebensbereich große Unruhe, sind es die anderen Bereiche, aus denen Sie Stärke und Kraft holen können.

Rollen und Rollenvermischungen

Früher bildeten Beruf und Privatperson eine Einheit. Der Polizist war auch zu Hause der Polizist, zog vielleicht dort im Familienkreis nicht einmal seine Uniform aus. Anwalt, Arzt und Apotheker saßen nicht als Privatpersonen an ihrem Stammtisch, sondern in ihrer beruflichen Identität, deren Nimbus sie auch ins private Heim begleitete. Diese Einheit der Identität galt für Männer wie für Frauen.

Allerdings gab es für Frauen meistens nicht so eine große Auswahl wie für Männer. Sie waren Mütter und Ehefrauen und nur in seltenen Fällen bot sich anderes. Vielfach richteten Frauen ihre Identität nach ihren Männern aus. Sie waren dann »Frau Thomas Mann«, »Frau Gerichtspräsident« oder »Frau Doktor« und verhielten sich mit mehr oder weniger Würde, wie es den gesellschaftlichen Anforderungen und ihrer Rolle entsprach.

Heute leben wir vielseitiger. Wir erscheinen in vielen Funktionen und Rollen, in die wir schlüpfen können und die wir auch in den meisten Fällen voneinander trennen. Wir zeigen zum Beispiel im beruflichen Alltag ganz andere Facetten von uns als bei einer Radtour mit Freunden. Daher können Sie sich in Krisen – wie oben am Beispiel von Maja dargestellt – damit helfen, dass Sie sich fragen:

- In welchem Bereich bestehen eigentlich meine Probleme?
- Hat das Auswirkungen auf andere Bereiche?
- In welchem Bereich kann ich auftanken, wenn es woanders kriselt?

Wenn Sie sich Hilfe und Unterstützung bei Freunden und Bekannten suchen, ist es oft nützlich, die Helfer aus anderen, nicht betroffenen Lebensbereichen auszuwählen, weil sie Ihnen mit ihrer Distanz eher helfen können als jemand, der vielleicht genauso betroffen ist wie Sie.

Eine Frage zum Nach-Denken
»Akzeptiere ich mich selber, auch wenn ich Probleme habe?«

Erlaubnis auf dieser Station
»Du darfst dir Zeit und Ruhe nehmen für dich selbst!«

Selbstaffirmation
»Ich akzeptiere meine Unsicherheit (meine Zweifel, meine …). Sie sind da und gehören auch zu meinem Leben, und ich werde einen Weg herausfinden!«

Grenzen des Selbstcoachings

Wenn Sie Ihre Ambivalenz, Ihre Zweifel und innere Unsicherheit nicht auflösen können, wenn Sie unter belastenden Gefühlen leiden, die Sie bremsen und blockieren, ist es sinnvoll, sich von einer professionellen Person für eine Weile coachen zu lassen. Manchmal braucht es nur wenige »Sitzungen« und Sie sehen die Dinge auf neue Weise. Denn auf der sechsten Station ist außer der Selbstakzeptanz die Distanz zu den eigenen Problemen ein wichtiger Punkt, um aus Sackgassen und Blockaden wieder herauszufinden.

Scheuen Sie sich nicht, sich bei einem/einer Coach Unterstützung zu holen. Das kann eine hervorragende Investition in Ihre Zukunft darstellen.

Zwischen zwei Stationen

Tipps und Tricks

oder »Wie machen's die anderen?«

Als Kind spielte ich oft und gern mit meiner Großmutter das Brettspiel *Mühle*. Obwohl ich die Regeln des Spiels zu beherrschen glaubte, verlor ich beinahe regelmäßig. Stets hatte meine Großmutter eine perfekt funktionierende Zwickmühle aufgebaut und ich hatte das Nachsehen. Eines Tages beschloss ich, meiner Großmutter genauer »auf die Finger« zu schauen, und fing an zu beobachten, wie sie ihre Steine setzte. Allmählich fand ich heraus, dass es für mich noch Spielzüge zu entdecken gab, mit denen ich sehr wohl das Spiel für mich positiv beeinflussen und für einen anderen Ausgang sorgen konnte.

Was hatte ich entdeckt? Es gibt mehr als nur einen Weg!

Schauen Sie sich bei anderen deren Tipps und Kniffe an, gucken Sie, ob und was Sie von anderen lernen können. Hier ist Spicken nicht verboten, sondern unbedingt geboten! Es geht dabei nicht darum, sich Ratschläge einzuholen, die zu einer neuen Festgelegtheit führen. Sondern es geht darum, flexibler in den Lösungsmustern zu werden, zu differenzieren. Es gibt meistens nicht nur zwei polare Lösungen für ein Problem, es gibt mehr als »Entweder – Oder«. Zwischen den beiden Polen »Alles oder Nichts« oder »Richtig oder Falsch« liegt eine reichhaltige Skala von Möglichkeiten.

Holen Sie sich Tipps, Tricks und Kniffe durch Beobachten und Fragen! Es gibt an jedem Punkt des Lebens Neues zu entdecken. Seien Sie deshalb neugierig!

In seinem Roman *Sokolows Universum* drückt Leon de Winter aus, was den engen »Tunnelblick« von einer aufgeschlossenen Haltung unterscheidet: »Du siehst nur, was du sehen willst und was dein System bestätigt, Sascha. Meine Systeme sind elastisch, sie verändern sich, wachsen, schrumpfen, fallen in sich zusammen, alles geschieht mit ihnen, aber ich lasse mir von ihnen nicht die Wirklichkeit einschränken!« Das genau ist der Punkt: Lassen Sie sich Ihre Wirklichkeit nicht einschränken! Sie selbst entwerfen und entwickeln Ihre Realität, aus der heraus Sie auf das Leben zugehen.

Station 7

Aktiv Probleme lösen – Entscheidungen fällen

Im ersten Teil dieser Station finden Sie Anregungen darüber, wie Sie leichter aktiv und zielstrebig auf Ihre Probleme und Vorhaben zugehen können.

Im zweiten Teil geht es darum, wie Sie sich in schwierigen Zeiten leichter für eine tragbare Lösung entscheiden können.

Diese Station entspricht dem Stadium des »Erwachsenseins«. Erwachsensein in diesem Zusammenhang bedeutet, dass Sie sich frei und verantwortungsbewusst entscheiden, was Sie wollen und was Sie nicht mehr wollen. Das hört sich ernst und bedeutungsschwanger an und deshalb glauben auch viele Menschen, Erwachsensein bedeute ernsthaft und angemessen und damit humorlos und langweilig zu sein. Erwachsensein heißt für Ihr Selbstcoaching aber lediglich, dass Sie sich über Ihr Denken, Fühlen und Handeln bewusst sind und dass Sie sich aktiv mit dem auseinandersetzen, was Sie beeinflusst hat und wie Ihre heutige Realität aussieht. Dass Sie dabei gelegentlich Rückschau in Ihre Vergangenheit halten müssen, um eventuelle Blockaden fortzuräumen, wurde in den vorherigen Stationen beschrieben. Um wirklich vorwärts zu kommen, ist es eben manchmal nötig, zurückzublicken und sich von »Altlasten« zu befreien.

Erwachsensein bedeutet also, dass Sie im Hinblick auf Ihre persönliche Vergangenheit und Ihr heutiges Leben den Ihnen entsprechenden Weg in freier Entscheidung wählen und konsequent gehen. Ich bin der Ansicht, dass auch Kinder bereits zu bestimmten Zeiten »erwachsene« Entscheidungen treffen können. Umgekehrt sträuben sich viele Erwachsene vehement dagegen, in diesem Sinn erwachsen zu werden.

Kennen Sie Ihre Vermeidungsstrategien?

Kennen Sie bei sich die eine oder andere Methode, die Dinge, die Sie eigentlich tun müssten, nicht zu tun? Heidrun hatte viel Erfahrung mit unnötigem Herumtrödeln.

> **Heidrun** stöhnte über sich selbst: »Als freie Journalistin müsste ich eigentlich morgens spätestens um 9 Uhr am Schreibtisch sitzen. Aber was tue ich? Ich telefoniere, ich räume unnötigerweise auf, lese in alten Zeitungen herum, telefoniere zum x-ten Mal ... tue dies und jenes, aber ich komme nicht › in die Gänge‹ !«
>
> Für Heidrun stellte diese »Vermeidungsstrategie« ein ernsthaftes Problem dar, weil sie wegen der vertrödelten Stunden stets unter enormem Druck arbeiten musste, um die verlorene Zeit wieder aufzuholen. Durch die eigentlich unnötige Eile schlichen sich häufig Fehler in ihre Arbeit ein, für deren Korrektur ihr dann wiederum die Zeit fehlte.

Die Grenze zwischen nötiger Abwechslung, Entspannung, Verzögerung, Ablenkung und dem Vermeiden, die Probleme zu lösen oder die anstehenden Vorhaben auszuführen, ist häufig fließend. Nicht jedes »Nichtstun« ist gleich Ausweichen vor der Verantwortung! Es geht lediglich darum, dass Sie erkennen, ob Sie auch irgendeine Strategie in Ihrem Leben kennen, mit der Sie in schwierigen oder wichtigen Situationen vermeiden, aktiv zu werden.

Sie finden unten eine Checkliste, damit Sie Ihren Umgang mit Problemen und Notwendigkeiten selbst erforschen können. Ob es sich dabei um berufliche Vorgänge wie einem nötigen Klärungsgespräch mit Ihrer Chefin, Mitarbeiterin oder Angestellten handelt, um längst geplante, aber nie ausgeführte Vorhaben wie Koch- oder Tanzkurs, um das Abnehmen überflüssiger Pfunde oder darum, ob und wann Sie sich das Rauchen abgewöhnen wollen oder um irgendeine andere Angelegenheit: Sie können diese Checkliste für alle anstehenden und ungelösten Fragen, Vorhaben, Pläne und Probleme verwenden.

Beantworten Sie in einem ruhigen Moment folgende Fragen für sich selber. Drücken Sie sich möglichst knapp und präzise und, wenn es geht, in einem Satz aus.

Praxis

Checkliste, um den eigenen Vermeidungsstrategien auf die Spur zu kommen

1. Was müsste ich eigentlich unbedingt tun?
2. Akzeptiere ich es wirklich, dass dies ein Vorhaben/Problem ist, das ich aktiv angehen müsste?
3. Glaube ich, dass meine Lebensumstände (Zeit, andere Aktivitäten, Bequemlichkeit oder Ähnliches) es momentan verhindern, eine Lösung des Vorhabens/Problems anzusteuern?
4. Bin ich der Ansicht, dass es mir an den nötigen Fähigkeiten oder Fertigkeiten fehlt, das Problem zu lösen (das Vorhaben anzugehen)?
5. Vor welcher Entscheidung drücke ich mich?

Auswertungen und Anregungen zu den Fragen der Checkliste

Zu Frage 1:
Sie wissen, dass Sie etwas (eigentlich) unbedingt erledigen müssten (aber noch nicht angefangen haben) und haben das unter Punkt Eins aufgeschrieben? Anregung zum Weitermachen für Sie: Behalten Sie für die weiteren Anregungen auf den folgenden Seiten dieses von Ihnen notierte Thema im Kopf und benutzen es als Beispiel, um die dortigen Fragen zu beantworten. Dann haben Sie gute Chancen für eine konstruktive Lösung.

Zu Frage 2:
Ihre Antwort ist »Ja«? Sie haben beste Voraussetzungen, erfolgreich vorgehen zu können.

Ihre Antwort ist »Nein«? Sie befinden sich in einem Widerstreit, denn einerseits müssten Sie unbedingt etwas tun, andererseits versuchen Sie auszuweichen. Bevor Sie nicht wirklich akzeptieren, dass sich Ihr »Nichtstun« als ein Problem darstellt, wird sich für Sie nichts ändern.

Zu Frage 3:
Wenn Sie meinen, Ihre Lebensumstände erlauben es Ihnen momentan nicht, eine Lösung des Problems anzusteuern: Wann werden es Ihnen Ihre Lebensumstände erlauben? Setzen Sie sich einen Termin!

Zu Frage 4:
Wenn Sie meinen, es fehle Ihnen an den nötigen Fähigkeiten oder Fertigkeiten, um das Problem zu lösen oder Ihr Vorhaben auszuführen: Welche Fertigkeiten genau brauchen Sie? Wie wollen Sie sie sich beschaffen? Wann starten Sie?

Wenn Sie meinen, die nötigen Fähigkeiten überhaupt nicht zu besitzen, lesen Sie bitte unter »Grenzen des Selbstcoachings« meine Empfehlung für diese Sachlage.

Aktiv Probleme lösen – Entscheidungen fällen

Zu Frage 5:
Wenn Sie diese Frage mit »Weiß ich nicht!« beantwortet haben, lesen Sie bitte erst einmal weiter. Vielleicht brauchen Sie einfach noch ein paar Informationen und beantworten die Frage Fünf, nachdem Sie die siebte Station ganz gelesen haben.

Wollen Sie neue Wege gehen, ist es erst einmal wichtig, die alten Strecken und auch den heutigen Standpunkt genau zu kennen. Schauen Sie sich deshalb die Landkarte Ihrer Vorgehensweisen genau an, um sich über Ihre »Winkelzüge« – Ihre Vermeidungsstrategien – Klarheit zu verschaffen.

Ausstieg aus den Vermeidungsstrategien

Strategie: »Vieles tun und doch nichts tun!«

Wenn Sie, wie Heidrun, dazu neigen, Vieles zu tun, aber das Eigentliche und wirklich Notwendige auf zukünftige, nicht genau festgelegte Zeitpunkte zu verschieben, kann Ihnen die Beantwortung der beiden Fragen nützliche Informationen geben:

- *Wann genau fange ich an, mich darum zu kümmern?*
  (Benennen Sie einen genauen Termin, wann Sie es tun werden.)

- *Wer kann mich dabei unterstützen?*
  (Gibt es eine Person Ihres Vertrauens, die Sie wohlwollend an Ihr Vorhaben erinnert?)

Gerade für Menschen, die sich mit vielen Ablenkungsmanövern von den eigentlich notwendigen Handlungen abhalten lassen, könnte sich ein »KURZ«-Bündnis mit sich selbst, wie es auf Seite 40 dargestellt wurde, sehr konstruktiv auswirken.

Strategie: »Die anderen sind wichtiger«

Simone leitet eine Pflegestation in einer sozialen Organisation. Sie ist dauernd von Menschen umgeben, die irgendetwas von ihr wollen. In ihrer Zuwendung zu den Menschen, die ihrer Pflege anvertraut sind, passierte es Simone oft, dass sie darüber die eigene Arbeit vergaß. Während sie sich liebevoll und sorgend anderen Menschen zuwendete, quälte sie sich innerlich mit der Frage, wann sie wohl dazu kommen würde, ihre Büroarbeiten zu erledigen.

»Aber schließlich gehen die Pflegebedürftigen vor!«, pflegte sie zu sagen. Kein Wunder, dass sie an ihren freien Tagen – von denen ein Teil der Zeit für das Aufarbeiten der liegen gebliebenen Pflichten draufging – erschöpft war und keine Lust mehr zu irgendetwas hatte.

Sind Sie auch eine »Helferin« wie Simone es war, die eigene Interessen und Vorhaben zurückstellt und sich mit viel Elan für andere einsetzt? Stellen Sie die Bedürfnisse anderer über ein für Sie erträgliches Maß hinaus vor die eigenen? Und sind Sie im Geheimen damit nicht mehr zufrieden, wie es bei Simone der Fall war? Dann wäre es nützlich, dass Sie sich jedes Mal, wenn Sie etwas im Interesse von anderen Menschen tun wollen, vorher folgende Fragen stellen:

- Will ich das eigentlich wirklich tun, was ich da gerade tue?
- Tue ich das für mich oder für andere?

Strategie: »Die Ruhe und die Übersicht verlieren«

Sandra ist Programmiererin. Sie ist eine hervorragende Fachkraft und verfügt, jedenfalls in ruhigen Zeiten, über genügend soziale Kompetenz, um in der Lage zu sein, eine Abteilung zu leiten. Ihrer Beförderung stand – so lautete die Kritik ihres Vorgesetzten – einzig im Weg, dass sie in vielen Situationen »überreagierte«. So drückte er sich aus und meinte damit, dass Sandra oftmals, wenn sie unter Druck stand, sehr aufgeregt wurde und ihre Arbeitsfähigkeit darunter litt.

Wenn Sandra sich sehr aufregte, passierte es ihr, dass sie mit ihren Kollegen und Kolleginnen stritt, dass sie laut wurde und sehr unsachlich.

Sie selber sagte im Coaching (zu dem ihr Chef sie veranlasst hatte): »Ich verliere die Ruhe, wenn ich unter Druck komme. Ich kann nicht mehr klar denken, fühle mich aufgeregt. Es kommt mir vor, als stünde mein Vater hinter mir und drängte mich, wie er es früher so oft mit mir getan hatte, wenn ich bei meinen Hausarbeiten für die Schule langsam war.«

Viele Problemstellungen im Erwachsenenleben nehmen in der Kindheit ihren Anfang. Das wurde in den bisherigen Abschnitten beschrieben. Auch mit Sandra unternahm ich im Coaching einen Rückblick in ihre Kindheit – sie selber hatte die für ihr jetziges Verhalten auslösende Situation ja genau beschrieben. Das Wissen, dass heute ihr Vater nicht mehr hinter ihr steht und dass ihr Chef ihr sehr wohlwollend »gegenübersteht«, erleichterte sie sehr.

Jetzt hilft sie sich in stressigen Situationen damit, dass sie sich – bevor sie die Kontrolle über sich verliert – einen Moment Zeit nimmt und sich folgende Fragen beantwortet:

- Was genau ist gerade los (passiert)?
- Inwieweit betrifft mich das wirklich?
- Was kann ich jetzt tun, was später?
- Bin ich überhaupt selbst betroffen?
- Wen kann ich um Hilfe bitten?

Strategie: »Kopfschmerzen haben oder irgendwie nicht gut drauf sein«

Helge ist Konservatorin in einem großen Museum. In normalen Zeiten, das heißt, wenn keine Ausstellungen gestaltet oder betreut werden müssen, ging es ihr gesundheitlich sehr gut. Aber gelegentlich litt sie unter Kopfschmerzen, die sich manchmal so steigerten, dass sie gezwungen war, im verdunkelten Zimmer zu Hause zu bleiben. Das geschah meistens dann, wenn der Arbeitsanfall sehr groß war. Meist fingen die Kopfschmerzattacken damit an, dass ihr schwindlig wurde, wenn Ihr Chef zum wiederholten Mal eine ihrer Anordnungen vor anderen Mitarbeitern korrigierte. Sie fühlte sich abgewertet und ungerecht behandelt und irgendwie wehrlos. Dann setzten die Kopfschmerzen ein.

Die ärztlichen Untersuchungen ergaben kein Ergebnis. »Wird wohl psychisch bedingt sein«, meinte ein Arzt lakonisch. Dass diese Bemerkung überhaupt nicht hilfreich war, bedarf wohl keiner besonderen Erwähnung.

Um es kurz zu machen: Heute hat Helge keine Kopfschmerzen mehr! Wie das kommt? Sie hat gelernt, sich gegen Übergriffe zu wehren, anstatt krank zu werden. Sie hat dadurch ihre Hilflosigkeit im Umgang mit Abwertungen und Ungerechtigkeiten überwunden, die der Anlass für ihre Kopfschmerzen waren. Früher sagte sie: »Wie soll ich es denn machen? Ich kann doch nicht, wenn ich immer solche Kopfschmerzen habe!«

Heute hilft sie sich, wenn sie den ersten Schwindel – der ja der Vorläufer der Kopfschmerzen gewesen war – spürt, indem sie sich die folgenden Fragen stellt:

- Bin ich wirklich krank?

- Wofür brauche ich diese Krankheit im Moment?

Helge hat herausgefunden, dass die Kopfschmerzen sie davor bewahrten, sich mit dem ungerechten und abwertenden Verhalten des Chefs auseinander zu setzen. Früher fielen Frauen, wenn ihnen etwas Unangenehmes passierte, einfach in Ohnmacht. Das war eine einfache und effiziente Art, sich total »aus dem Gefecht« zu ziehen.

Heute können wir, wenn wir bei uns ähnliche »Muster« wie die von Helge bemerken, Verhaltensweisen antrainieren, die keine Sackgassen ins Kranksein darstellen.

Auch in dieser Situation ist, wenn wir etwas verändern wollen, ein erster Schritt notwendig. Und der besteht darin, eine Entscheidung zu fällen. Und zwar die Entscheidung, nun wirklich das zu tun oder zu verändern, was »ansteht«.

Wenn Sie dauerhaft zur »Hohen Schule« des Selbstcoachings durchstarten wollen, kommt immer wieder, wenn Sie etwas in Ihrem Leben verändern wollen, ein ganz wichtiger Augenblick: die Entscheidung, ob Sie weitermachen wie bisher oder ob Sie jetzt aktiv werden und eine neue Strategie erproben wollen. Der erste Schritt dabei ist, dass Sie die Entscheidung fällen, es wirklich zu wollen!

Der erste Schritt, aktiv auf Vorhaben zuzugehen: Ihre Entscheidung.

- Für welchen Bereich meines Lebens werde ich meine Strategie verändern und aktiv werden?

- Wann genau fange ich an?

Beantworten Sie sich diese beiden Fragen konkret und genau. Wenn Sie etwas »versuchen« oder »ausprobieren« wollen oder es nur »möchten«, werden Sie es nach kurzer Zeit aufgeben. Wenn Sie sagen: »Ja, ich möchte zehn Kilo abnehmen«, werden Sie es wahrscheinlich nach kurzer Zeit aufgeben. Nur wenn Sie klipp und klar »Ja« sagen und sich einen genauen Termin setzen, werden Sie es wirklich tun.

Bei dieser Entscheidung geht es noch nicht um die Lösung von Problemen oder um die Ausführung Ihres Vorhabens. Es geht jetzt lediglich um Ihre Entscheidung, aktiv zu werden.

Die **Qual der Wahl** – Auswahl unter mehreren **Alternativen** treffen

Erinnern Sie sich an Maria? Sie sagte von sich: »Ich weiß überhaupt nicht mehr, was ich eigentlich will, kann mich nicht entscheiden. Meistens fühle ich mich total unsicher.« Sie fand, dass sie immer so viele unterschiedliche Möglichkeiten sähe, dass sie dann schließlich gar nichts täte. Sie hatte stets Probleme, sich zu entscheiden – ob es sich dabei um nur zwei Alternativen oder um mehrere handelte.

Immer, wenn es darum geht, aus mehreren Möglichkeiten eine herauszufiltern, ist es sinnvoll, jede davon auf ihre Zweckmäßigkeit zu hinterfragen. Das tun Sie am besten mit der folgenden Checkliste.

Checkliste, um sich Entscheidungskriterien klar zu machen

Nehmen Sie sich bitte mehrere Bogen Papier und zwar einen für jede der Ideen, Ziele oder Vorhaben, die Sie im Kopf haben.
Schreiben Sie bei jeder Frage alles auf, was Ihnen dazu in den Sinn kommt.
- Welche Vorteile hat es, gerade diese Lösung zu wählen?
- Welche Nachteile hat diese Lösung?
- Welche Konsequenzen (und Unbequemlichkeiten) hat dieser Weg für mich? (Was ergibt sich für mein weiteres Leben, wenn ich diesen Weg gehe?)

Aktiv Probleme lösen – Entscheidungen fällen

- Welche Konsequenzen (und Unbequemlichkeiten) hat dieser Weg für andere? (nämlich die Personen, die in die Folgen meiner Entscheidung mit einbezogen sind)
- Wie fühlt sich das an, wenn ich mich für diese Lösung entscheide?
- Was denke ich über mich, wenn ich genau diesen einen Weg gehe?
- Was denke ich über die anderen beteiligten Personen, wenn ich genau diesen Weg gehe?
- Was denken die anderen über mich, wenn ich genau diesen Weg gehe?

AUSWERTUNG:

Haben Sie für jede Ihrer Alternativen diese Fragen beantwortet? Wie ist es Ihnen dabei gegangen? Haben Sie jetzt mehr Klarheit über Ihre Entscheidungsgrundlagen? Hat sich vielleicht die eine oder andere Alternative als nicht durchführbar oder uninteressant für Sie erwiesen? Hat sich durch das konsequente Durchdenken ein Weg als der beste gezeigt? Haben sich Alternativen gezeigt, bei denen die Vorteile überwiegen? Gibt es Lösungswege, bei denen die Nachteile eindeutig überwiegen?

Meiner Erfahrung nach kristallisiert sich während des konsequenten Analysierens verschiedener Alternativen bereits die richtige Lösung heraus.

Sollten jetzt dennoch noch zwei (oder drei) Alternativen übrig bleiben oder Sie überhaupt zwischen zwei Möglichkeiten schwanken, empfehle ich Ihnen, die folgende Übung durchzuführen.

Vielleicht geht es Ihnen ja wie dem Eselchen zwischen den beiden Heuhaufen, das schließlich verhungerte, weil es sich nicht entscheiden konnte, ob es zuerst den rechten oder den linken verzehren sollte?

Der »Bauch« entscheidet

Sie können diese Übung alleine oder – besser noch – zu zweit durchführen. Diese Übung ist gut geeignet für Entweder-Oder-Fragen wie zum Beispiel: »Soll ich meinen alten Job behalten oder kündigen?« »Will ich mein Studium zu Ende bringen oder lieber jetzt aussteigen und in die Praxis gehen?« oder ähnliche Fragen, bei denen man sich hin- und hergerissen fühlt.

Bei dieser Übung ist es – ebenso wie bei dem Ausfüllen der Checklisten – wichtig, dass Sie sich Zeit und Ruhe nehmen. Es geht dabei darum, dass Sie sich in die jeweiligen Alternativen hineinfühlen und sich auf das konzentrieren, was Ihr »Bauch« sagt – auch eine wirkungsvolle Methode, um sich Entscheidungssituationen zu erleichtern.

Wenn Sie diese Übung zusammen mit einer (wohlwollenden) Freundin ausführen, übernimmt sie die Rolle der Zuschauerin und Beobachterin, mit der Sie sich im Anschluss an die Übung austauschen und die Ihnen danach berichtet, was ihr aufgefallen ist.

Lesen Sie zuerst, bevor Sie beginnen, die ganze Anleitung durch. Besonders, wenn Sie zu zweit sind, ist das wichtig, damit Ihre Partnerin ihre Rolle und Aufgabe genau erfasst. Und so verläuft die Übung:

- Stellen oder setzen Sie sich irgendwo im Raum hin und sehen Sie sich um. Dies ist der Platz, an den Sie zwischendurch immer wieder zurückkehren werden.
- Suchen Sie sich einen anderen Platz, wo Sie sich hinsetzen können. Markieren Sie ihn mit einem Kissen oder einem Tuch.
- Gehen Sie dorthin und setzen Sie sich auf das Kissen oder Tuch. Konzentrieren Sie sich auf eine der Alternativen, die Ihnen vorschwebt.
- Stellen Sie sich vor, Sie würden sich dafür entscheiden! Denken Sie nicht an die andere Möglichkeit, sondern fühlen Sie sich ganz in diese eine hinein.
- Spüren Sie tief in sich hinein!

- Wie fühlt sich das an, wenn Sie diesen Weg gehen?
- Was spüren Sie in Ihrem Körper?
- Welche Gedanken gehen Ihnen durch den Kopf?

Wenn Sie die Übung zu zweit machen, erzählen Sie Ihrer Beobachterin, wie es Ihnen geht. Dabei schaut Ihnen Ihre Partnerin lediglich zu. Sie sagt nichts und stellt auch keine Fragen. Sie konzentriert sich darauf, was sie an Ihnen beobachtet. Eventuell macht sie sich Notizen darüber, um nichts zu vergessen.

Nach einer Weile stehen Sie auf, gehen an Ihren Ausgangspunkt im Zimmer und suchen sich einen Platz für die andere Alternative und gehen ebenso vor wie oben beschrieben.

Unterhalten Sie sich nicht mit Ihrer Beobachterin. Sie sind die Einzige, die darüber spricht, was Sie gerade erleben!

Wenn Ihnen noch eine dritte Möglichkeit vorschwebt, verfahren Sie genauso. Jedes Mal nach einer Alternative gehen Sie wieder an Ihren Ausgangspunkt zurück.

Wenn Sie sich für Ihre Alternativen genügend Zeit genommen haben, gehen Sie bitte zum Ausgangspunkt zurück und beenden Sie die Übung. Lassen Sie die Kissen oder die Tücher dort liegen, wo Sie während der Übung gesessen haben.

Jetzt ist der Zeitpunkt gekommen, an dem Sie sich mit Ihrer Partnerin darüber austauschen können, was sie beobachtet hat. Was hat sie gesehen? Wirkten Sie vielleicht an dem einen Platz entspannter als am anderen? Am anderen vielleicht angespannter? Was ist ihr noch aufgefallen?

Manchmal ergibt sich trotz intensiver Selbsterforschung keine eindeutige Entscheidung, besonders, wenn es um Fragen geht wie: »Höre ich auf und fange Neues an?«.

Und dann kann es sein, dass die wichtige Erkenntnis darin liegt, dass es für Ihr Problem vielleicht eine »Sowohl-als-auch«-Lösung geben kann. Gerade bei »Entweder-Oder«-Fragen klaffen oft in unserer Vorstellung die Gegensätze weit auseinander. Es fehlt der verbindende Gedanke, also die Vorstellung eines »dritten Weges«. Man kann sich keinen Kompromiss vorstellen.

> Sonja konnte sich nicht entscheiden, ob sie eine berufliche Weiterbildung aufhören oder weitermachen wollte. Sie fühlte sich, während sie die oben beschriebene Übung durchführte, auf dem Platz, den sie für die Weiterbildung gewählt hatte, angestrengt, müde und lustlos. Auf dem anderen Platz, dem der »Freiheit«, spürte sie plötzlich eine seltsame Leere in sich. »Meine ersehnte Freiheit hat also Mängel!«, fand sie heraus. Ihre Lösung bestand in einem Kompromiss: »Ich setze die Weiterbildung fort, werde mich dabei aber fortan nicht mehr so anstrengen.«
>
> »Eigentlich spüre ich jetzt, dass ich beide Alternativen überschätzt hatte«, meinte sie abschließend. »Sowohl die Anstrengungen der Weiterbildung als auch die Freuden der Freiheit!« Durch diese Erkenntnis ging sie mit neuer Energie an die Arbeit und wusste die freie Zeit besser zu nutzen.

Eine Frage zum Nach-Denken
»Löse ich meine Probleme und Konflikte selbstständig?«

Erlaubnis auf dieser Station
»Du darfst erwachsen sein!«

Selbstaffirmation
»Ich übernehme von jetzt an die Verantwortung für das, was ich tue!«

Grenzen des Selbstcoachings

Gerade wenn es um Entscheidungen geht oder darum, neue Perspektiven zu entwickeln, Pläne zu durchdenken, neue Zielsetzungen zu realisieren, kann Ihnen ein Coaching gute Hilfestellung leisten. Wenn es Ihnen also, obwohl Sie die Checkliste durchgearbeitet und die Übung ausgeführt haben, immer noch sehr schwer wird, sich zu entscheiden, sollten Sie in Ihre Zukunft investieren und sich für eine Weile coachen lassen.

Auch wenn Sie meinen, es fehle Ihnen an ausreichenden Fähigkeiten, empfehle ich Ihnen, sich Hilfe von außen zu holen. Manchmal glaubt man, es sind die fehlenden Fähigkeiten, weil man an der falschen Stelle sucht und die eigenen Ressourcen nicht findet. Da kann ein professioneller Blick von außen wahre Wunder in Hinsicht auf das Heben Ihrer verborgenen Fähigkeiten bewirken.

Station 8

Ziele verfolgen – Zeitstrukturen erstellen

Viele Menschen sehen, wenn sie Ziele erreichen wollen, lediglich eine unendlich lange Wegstrecke vor sich – und das anvisierte Ziel ist so furchtbar weit weg. Eigentlich erscheint das Erreichen aus der jetzigen Sicht überhaupt nicht möglich. Eine solche Klage kam auch von Irina, die, wie so viele, auf dem Weg frühzeitig und frustriert aufgab.

> **Irina**, die gerade einen ihrer vielen Versuche, von 85 kg Gewicht auf 70 kg zu kommen, frustriert abgebrochen hat, meinte: »Immer fange ich etwas an und dann höre ich wieder auf damit. Und außerdem habe ich sowieso das Gefühl, meistens nicht in der Lage zu sein, durchzuhalten und das zu erreichen, was ich eigentlich will.«

Erinnern Sie sich an Beppo Straßenkehrer aus dem Buch *Momo* von Michael Ende? Der alte Mann hat zu diesem Thema Wesentliches zu sagen:

»Siehst du, Momo, es ist so: Manchmal hat man eine sehr lange Straße vor sich. Man denkt, die ist so schrecklich lang; das kann man niemals schaffen, denkt man.«

Und Beppo Straßenkehrer weiß, wie man sich lange Wegstrecken erträglich machen kann:

»Er blickte eine Weile schweigend vor sich hin, dann fuhr er fort: ›Und dann fängt man an sich zu eilen. Und man eilt sich immer mehr. Jedes Mal, wenn man aufblickt, sieht man, dass es gar nicht weniger wird, was noch vor einem liegt. Und man strengt sich noch mehr an, man kriegt es mit der Angst, und zum Schluss ist man ganz außer Puste und kann nicht mehr. Und die Straße liegt immer noch vor einem. So darf man es nicht machen.‹

Er dachte einige Zeit nach. Dann sprach er weiter: ›Man darf nie an die ganze Straße auf einmal denken, verstehst du? Man muss nur an den nächsten Schritt denken, an den nächsten Atemzug, an den nächsten Besenstrich. Und immer wieder nur an den nächsten.‹

Wieder hielt er inne und überlegte, ehe er hinzufügte: ›Dann macht es Freude, das ist wichtig, dann macht man seine Sache gut. Und so soll es sein.‹«

Beppo Straßenkehrer gibt Momo wichtige Hinweise: Wenn man die vor einem liegenden Wegstrecken in erträgliche und überschaubare Abschnitte unterteilt, sieht man Erfolge. Und Erfolge machen Spaß. Und ohne Spaß kann man eine Sache nicht gut machen.

Etappenziele

Beppo Straßenkehrer hat erkannt: Wer nur auf das Endziel schaut, tut sich schwerer als nötig und wird häufig das gesetzte Ziel gar nicht erreichen.

15 Kilo abzunehmen, wie Irina das wollte, ist ein riesiges Vorhaben. Die Gefahr, nach drei oder vier Kilo Gewichtsabnahme aufzuhören, war deshalb von Anfang an groß. Da war es wesentlich effektiver, dass sie sich die Strecke in Zwei-Kilo-Abschnitte unterteilte. Das tat Irina, weil ihr dies logisch erschien. Jedes Mal, wenn sie zwei Kilo abgenommen hatte, rief sie mich stolz an und wir freuten uns miteinander.

Eine meiner Bekannten hatte eine geniale Idee. Sie erzählte mir, dass sie früher auf ihren Radtouren vor größeren Steigungen mit dem Gedanken »Das schaffe ich ja doch nicht!« abgestiegen war und ihr Rad hinauf geschoben hatte.

Irgendwann hätte sie die Idee gehabt, jede Pedalumdrehung zu zählen, und zwar immer von 1 bis 5. Sie kümmerte sich nicht mehr um die Länge des Anstieges, sondern zählte nur noch stur 1 – 2 – 3 – 4 – 5 und das fortlaufend. Von da an, so berichtete sie stolz, schaffte sie fast jede Steigung! Sie hatte damit – auf ihre persönliche Weise und für ihre Problemstellung – das getan, was Beppo Straßenkehrer mit seinen Worten meinte: »Man muss nur an den nächsten Schritt denken.«

Bei diesen Beispielen aus dem privaten Bereich besteht der Weg, sein Ziel zu erreichen, darin, sich die Wegstrecke in kleinere, überschaubare und damit erreichbare Abschnitte zu unterteilen. Das Gleiche gilt natürlich auch für berufliche Aufgaben.

Andrea stand nach ihrer Scheidung erst einmal vor einem – wie sie es ausdrückte – »Scherbenhaufen«. Sie hatte sich ihr Leben »ehegerecht« eingeteilt gehabt. Sie war Dozentin an einer Universität mit einer erträglichen Stundenanzahl und hatte keine weiterführenden Karriereschritte unternommen.

Jetzt, nach der Scheidung, fasste sie einen Entschluss: Sie würde ihre vor langer Zeit begonnene Habilitationsschrift zu Ende bringen. Das heißt, sie hatte vor, sich um eine Professorenstelle zu bemühen. Ihr zuständiger Professor hatte ihr schon lange dazu geraten.

Aus finanziellen Gründen hatte sie nach der Scheidung die Anzahl der Lehrstunden verdoppeln müssen. Den Zeitaufwand für die Vorbereitungen dafür hatte sie unterschätzt. Und auf einmal war ihr alles zu viel. Die Vorbereitung für die Vorlesungen und die mühevolle Schreibarbeit für die lange Habilitationsschrift schienen ihre Kräfte zu übersteigen:

»Nichts ging mehr!«, berichtete sie. »Ich hatte mir wohl doch zu viel vorgenommen!«

An einem Wochenende ging sie daran, sich den Berg von Arbeit, dem sie sich gegenüber sah, zu strukturieren und in einzelne, überschaubare Einheiten zu unterteilen. »Während des Semesters werde ich nur in einem sehr begrenzten Umfang zur Arbeit an meiner ›Habil‹ kommen. Genau genommen nur samstags.« Diese Vorstellung bereitete ihr erst Unbehagen. »Aber in den Semesterferien brauche ich dann nicht eine so lange Einstiegszeit, wenn ich zwischendurch im Thema bleibe«, befand sie.

Und so zog sie es durch.

Eine wertvolle Erkenntnis von Andrea mag für alle diejenigen wichtig sein, die selbstständig an einer längeren Arbeit sitzen: »Ich schließe abends niemals ein Kapitel ab, an dem ich gerade arbeite, sondern höre stets mittendrin auf. Das erleichtert mir beim Weiterarbeiten das Einfinden und ich kann sofort loslegen.«

Sich Etappenziele zu setzen, erleichtert den Weg zum Ziel, weil man auf diese Weise ständig kleine Zwischenerfolge erleben kann und die Freude am Tun dadurch erhalten bleibt.

Wenn Sie ein längerfristiges Vorhaben planen, das Ausdauer, Geduld und Durchhalten verlangt, ist es also immer sinnvoll, sich das Ganze in einzelne Abschnitte zu unterteilen. Überprüfen Sie dann regelmäßig, ob Sie Ihre Teilstrecke auch so erreicht haben, wie Sie es sich vorgenommen haben, und korrigieren Sie Ihre Etappenziele nach oben oder unten, wenn Sie mehr schaffen und besonders dann, wenn Sie weniger schaffen.

Nichts ist frustrierender, als sich ständig etwas vorzunehmen und es dann nicht zu erreichen. Dabei ist es wichtig, genau zu untersuchen, aus welchen Gründen Sie Ihr Etappenziel nicht erreicht haben.

- Welche Gründe haben mich daran gehindert, das zu tun, was ich eigentlich tun wollte?
- Habe ich mir ein zu hohes Ziel gesetzt?
- Fehlte es mir an Zeit?

Keine Zeit

»Ich hatte keine Zeit.« – Dieser Satz wird oft als Grund angegeben, wenn man zu bestimmten Dingen nicht gekommen ist oder wenn irgendwelche Vorhaben unausgeführt liegen blieben. Je genauer wir die Zeit heute mit unseren digitalen Messinstrumenten messen können, umso mehr wollen wir sie nutzen und umso weniger haben wir erstaunlicherweise von ihr. Eilig laufen wir unseren Terminen nach und schaffen nie alles, was wir uns vorgenommen haben. Dabei erinnern wir etwas an das weiße Kaninchen aus *Alice im Wunderland*. Das hastete stets eilig umher mit den Worten: »O Gott, o Gott, ich komme zu spät!« Wozu es eigentlich zu spät kommen würde, bleibt Alice ebenso wie uns als Lesern ziemlich unklar.

Hans Eberspächer zitiert in seinem Buch *Ressource Ich* einen Zen-Meister, der von einem Europäer einmal gefragt wurde, was denn das Geheimnis seiner Ruhe und Kraft sei. Er sagte: »Wenn ich stehe, stehe ich, wenn ich gehe, gehe ich, und wenn ich sitze, sitze ich. Ihr aber in Europa denkt beim Stehen an das Gehen und beim Gehen an das Sitzen.«

Da es beim Umgang mit der Zeit, ebenso wie beim letzten Abschnitt »Ziele verfolgen«, um Struktur geht, die man seinem Leben gibt (oder nicht gibt), behandelt diese achte Station auch das Thema Zeit und den Umgang mit ihr. Denn wenn man sich nicht nur einfach von Event zu Event durch das Leben treiben lassen will, bildet die zeitliche Strukturiertheit das festigende und tragende Gerüst für ein optimales Selbstcoaching.

Tatsächlich haben wir uns angewöhnt – da hat der von Eberspächer zitierte Zen-Meister Recht –, vielfach mit unseren Gedanken nicht bei dem zu sein, was wir gerade tun. Das Ergebnis ist, dass man meistens gar nicht im Hier und Jetzt lebt, sondern immer in Gedanken schon auf die Zukunft, auf den nächsten Termin zuhetzt. »Das muss ich noch erledigen – und das – und das ...« Während man Auto fährt, erledigt man seine Telefonate, beim Essen liest man die Zeitung, während man sich mit Freunden trifft, klingelt das Handy – mit dem Ergebnis, dass man eigentlich selbst in der Freizeit ständig erreichbar und in der Folge von dem abgelenkt ist, was man gerade tut. Eigentlich weiß ja jeder/jede, dass man nur eine Sache bewusst und wirklich konzentriert machen kann. Unser Gehirn kann zwar großartige Dinge, aber es ist leider nicht in der Lage, sich auf zwei Dinge gleichzeitig zu konzentrieren. Eins tritt – wie bei Vexierbildern – immer in den Hintergrund.

Über die Ursachen dieser »Zeit«-Erscheinung gibt es die vielfältigsten und vielschichtigsten Untersuchungen, deren Wiedergabe den Rahmen dieses Buches sprengen würde.

Es scheint so, dass in unserer Gesellschaft Menschen, die es eilig haben, mehr gelten als die, die Zeit haben. Eile ist gleichbedeutend mit Wichtigkeit und Bedeutsamkeit. Auch das weiße Kaninchen, das Alice immer wieder begegnet, kommt sich ja in seiner Geschäftigkeit sehr wichtig vor.

Auch für Ihre Zeiteinteilung gilt das, was bereits in anderen Abschnitten dieses Buches erwähnt und beschrieben wurde: Um etwas zu verändern, muss es einem erst einmal bewusst werden, dass Zeitstruktur ein ungeklärtes Thema ist, und dann muss man eine Entscheidung darüber fällen, dass man wirklich etwas verändern will.

Wenn Sie das Gefühl haben, allzu häufig eine Sklavin der gesetzten Termine zu sein und Sie mit Ihrer Zeiteinteilung absolut nicht zufrieden sind – was hindert Sie, etwas daran zu ändern?

Ziele verfolgen – Zeitstrukturen erstellen   103

Praxis

Zeitkreise

Dies ist eine einfache Übung, mit der Sie sich die eigene Zeiteinteilung sichtbar machen können. Sie braucht zwar nicht viel Zeit, um sie auszuführen, dafür aber etwas mehr, um das Ergebnis zu durchdenken!

Zeichnen Sie auf ein Blatt Papier einen Kreis.

Teilen Sie anschließend den Kreis in einzelne Segmente, als würden Sie eine Torte aufteilen. Dabei sollten die Stücke nicht gleichmäßig groß sein, sondern die einzelnen Stücke sollten jeweils einem Gebiet Ihrer Zeitaufteilung entsprechen. Schreiben Sie in jedes Segment hinein (oder daneben), welchem Gebiet Ihrer Lebenseinteilung es entspricht.

Das kann ungefähr so aussehen, kann aber auch viele Segmente mehr (oder weniger) aufzeigen, als es auf dieser Zeichnung, die hier als Beispiel aufgeführt ist, der Fall ist.

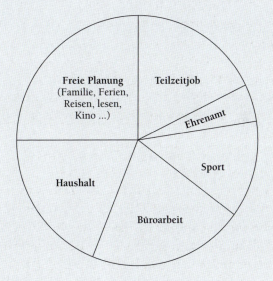

Lassen Sie Ihre Zeichnung in Ruhe auf sich wirken.
Wie sieht die Aufteilung in Ihrem Zeitkreis aus?

- Harmonisch?
- Ungleichgewichtig?
- Nimmt ein Bereich den größten Raum ein?
- Ist für einen Bereich, der Ihnen eigentlich wichtig ist, am Ende zu wenig Platz übrig geblieben?

Wenn Sie jetzt finden, dass die Gewichtung so, wie Sie sie vor sich sehen, für Sie nicht stimmig ist, zeichnen Sie einen weiteren Kreis. Und diesen zweiten Zeitkreis teilen Sie so ein, wie Ihre Zeiteinteilung nach Ihrer Wunschvorstellung richtig aussähe.
Anschließend vergleichen Sie die beiden Zeichnungen.

Meistens kann man die Wunschvorstellung der Zeitstruktur wohl kaum erreichen. Zu viele Zwänge führt das Leben mit sich, sowohl beruflich wie auch privat.

Was man aber tun kann, ist, bewusster mit der eigenen Zeiteinteilung umzugehen:

Wo sollen die Prioritäten liegen? Wofür wollen Sie sich in Zukunft mehr Zeit nehmen? Gibt es Segmente, die Sie verkleinern können? Wo gibt es Bereiche, in denen Sie eine andere Gewichtung herstellen können?

Für Anne, die ihren Zeitkreis für dieses Buch als Muster zur Verfügung gestellt hat, erwies es sich als aufschlussreich, dass sie bildhaft vor sich sah, wie sie sich durch andere verplanen ließ. Denn die Büroarbeit, die so viel Platz beansprucht, leistete sie für ihren Mann (ohne Bezahlung), von dem sie aber bisher niemals eine Gegenleistung, zum Beispiel bei der Hausarbeit, eingefordert hatte. Sie sah hier deutlich und einleuchtend, dass sie ihre Zeit anders einteilen musste, wenn sie das tun wollte, was sie selber vorhatte: sich Freiraum für mehr Berufstätigkeit zu verschaffen.

Zwischen den beiden von Ihnen gezeichneten Zeitkreisen können erhebliche Unterschiede bestehen. Jedenfalls zeigen das meistens die Ergebnisse, wenn Klienten diese Übung machen. Meistens herrscht erst einmal große Betroffenheit und sie fragen: »Warum tue ich all das, wenn ich es doch eigentlich ganz anders will?«

Die Antwort liegt häufig darin, sich für einen anderen Umgang mit der Zeit das nötige Rüstzeug zu holen, nämlich sich bewusst mit der eigenen Zeiteinteilung auseinander zu setzen. Hierzu ist nachfolgend eine Checkliste aufgeführt, die Ihnen für Ihre Umschichtungsaktion Anregungen geben soll.

Praxis

Checkliste für einen »entschleunigten« Umgang mit der Zeit

Manche der nachfolgenden Fragen scheinen sich zu ähneln. Beantworten Sie sie dennoch nach Möglichkeit, weil sich im genauen Nachdenken über Ihre Zeiteinteilung Facetten ergeben könnten, die Sie so noch nicht gesehen hatten.

- In welchen Bereichen bin ich abhängig von der Zeiteinteilung durch andere?
- In welchen Bereichen passe ich mich in meiner Zeiteinteilung an die von anderen an?
- Gibt es Bereiche, in denen ich das eigentlich nicht müsste?

- Gibt es auch dort Freiräume, die ich mir verschaffen kann, wo ich in meiner Zeiteinteilung von anderen (mehr oder weniger) abhängig bin?
- Wo ordne ich meine eigenen Wünsche denen anderer unter?
- Was muss ich von den Dingen des täglichen Ablaufs unbedingt selbst erledigen? (Einkaufen, Waschen, Haushalt allgemein usw.)
- Was kann ich delegieren oder zumindest mit jemand anders teilen?
- Kann jemand mir unangenehme Dinge, die ich eigentlich erledigen müsste, abnehmen?
- Was soll in Zukunft in meinem Leben absolute Priorität haben?
- Was ist mir wichtig?
- Wie viel Zeit habe ich mir für Planung und Zukunftsdenken reserviert?
- Wie viel Zeit will ich »zeitlos« leben? (Genuss und Lust sind nicht zeitorientiert!).

Diese Checkliste erhebt keinen Anspruch auf Vollständigkeit. Sie kann Ihnen auch nicht die Planung und Koordinierung Ihrer Zeit abnehmen. Denn das ist und bleibt wiederum Ihre Eigenleistung. Ihre verbesserte und bewusstere Zeiteinteilung kann sich aber als Folge Ihres Nachdenkens über dieses Thema bereits ergeben. Denn indem Sie die Zeitkreise gezeichnet und sich die jeweiligen Antworten für die oben stehenden Fragen überlegt haben, sind Ihnen sicherlich bereits Ideen gekommen, wie Sie Ihre Zeitstruktur optimieren können.

Zum Abschluss dieses Abschnitts noch eine Anregung: Zeichnen Sie einen dritten Zeitkreis, in dem die Zeit so eingeteilt ist, wie Sie es sich für die Zukunft vornehmen. Setzen Sie sich einen Termin, an dem Sie überprüfen werden, ob Sie durchführen, was Sie sich vorgenommen haben!

Wenn Zeiteinteilung, Zielsetzung und das konsequente Durchhalten beim Weg zu den eigenen Zielen nicht so funktionieren, wie Sie das eigentlich möchten, kann das mit »unerledigten Geschichten« aus Kindheit und Jugend zusammenhängen.

Manchmal lebt man sein Leben im Gegensatz oder in Abgrenzung zu anderen Personen, so wie Verena, die von sich sagte: »Meine Mutter war immer so penibel und ordentlich. Das ging mir so auf den Wecker, dass ich jetzt genau das Gegenteil davon lebe!« Dass es bei ihr aufgrund dieses (unlogischen und inzwischen völlig überholten) inneren Widerstandes mit Zeiteinteilung und Zielsetzungen haperte, kann man sich vorstellen.

> Ein Rückblick in die Kindheit hilft oft weiter.

Deshalb macht es Sinn für Ihren erfolgreichen Weg des Selbstcoachings, sich zu fragen, ob und in welchen Bereichen Sie sich innerlich dagegen sträuben, das zu tun, was Sie eigentlich tun wollen. Vielleicht finden Sie derartige Widerstände mit der folgenden Übung heraus, in der es darum geht, sich mit Ihrer Zukunft zu beschäftigen.

Praxis
Schauen Sie einmal in Ihre eigene Zukunft!

Setzen Sie sich bequem hin. Wenn Sie wollen, schließen Sie die Augen. Atmen Sie tief ein und aus.

Und nun schauen Sie sich Ihre Zukunft an! Stellen Sie sich vor, Sie feiern Ihren 65. Geburtstag. Sie beenden heute Ihre Berufstätigkeit und geben eine Feier für Ihre Kollegen, zu denen Sie auch Ihre Familienmitglieder und Ihre Freunde eingeladen haben.

- Was ist das für eine Feier?
- Wer ist da?

- Werden Reden auf Sie und über Ihr Schaffen gehalten?
- Wer spricht?
- Was sagen die Redner?
- Kommen auch Familienangehörige oder Freunde zu Wort?
- Wird vielleicht ein lustiger Sketch aufgeführt?

Stellen Sie sich vor, dass Sie sich, wenn die Gäste essen und trinken, in eine stille Ecke zurückziehen und an Ihr Leben zurückdenken.

- Was haben Sie bewirken können?
- Was war Ihnen wichtig?
- Was hat Spaß gemacht?
- Was hat Mühe gemacht?
- Welche Eigenschaften und Kompetenzen haben bewirkt, dass Sie das wurden, was Sie sind?

Während Sie diese Übung durchführen, können Sie sich jeden Wunschtraum in Ihrer Fantasie erfüllen. Spüren Sie, bei welcher Vorstellung in Ihnen Energie aufkommt.

Soll das Ganze nur ein Wunschtraum bleiben? Oder gibt es auch etwas, das Sie sich als ein mögliches Ziel vorstellen können?
Diese Übung können Sie auch für kürzere Zeiträume anwenden, zum Beispiel: »Wie sieht mein Leben in fünf (zehn, fünfzehn) Jahren aus?«

Eine Frage zum Nach-Denken
»Welches Ziel will ich als Nächstes erreichen?«

Erlaubnis auf dieser Station
»Du darfst dir Zeit für dich selber nehmen!«

Selbstaffirmation
»Ich werde meine Ziele in überschaubaren Schritten erreichen!«

Grenzen des Selbstcoachings

Wenn in Ihnen viele Fragen in Bezug auf Ihren Werdegang und/oder Ihre Zukunftsplanung aufgetaucht sind, für die Sie bisher noch keine Antwort wissen, ist es ein weiterbringender Schritt, sich mit diesen Fragen einer Freundin, einer wohlwollenden Mentorin oder einem/einer Professional anzuvertrauen.

Schreiben Sie sich die Themen und Fragen auf, die Sie nicht alleine klären können, das erleichtert und verkürzt die Beratungsstunden!

Station 9

Der Blick auf die anderen

Viele Menschen neigen zu spontanen (und in den Konsequenzen nicht ausreichend überlegten) Handlungen.

> Vera ärgerte sich gewaltig: »Ich habe vor einiger Zeit völlig spontan, ohne es eigentlich geplant zu haben, meinen Job gekündigt. Klar, ich hatte mich oft aufgeregt über Kollegen, über meinen Chef und über vieles Unsinnige, was in der Firma, in der ich arbeitete, geschah. Aber heute bereue ich diesen Schritt zutiefst.«

Vera bildet mit ihrer nicht sorgfältig durchdachten Entscheidung keinen Einzelfall. Viele ärgern sich vielleicht monate- oder jahrelang an ihrem Arbeitsplatz oder über ihren Partner und plötzlich – ohne, dass man weiß, warum gerade jetzt – trennen sie sich vom Partner, verlassen ihren Arbeitsplatz oder treffen Entscheidungen, die – von außen besehen – nur schwer nachvollziehbar sind.

Zu einem derartigen spontanen und die Folgen wenig bedenkenden Handeln neigen meiner Erfahrung nach besonders Frauen – zu ihrem eigenen Schaden. Denn meistens ziehen solche unüberlegten Schritte viele Nachteile nach sich.

Viel vorteilhafter ist es, sich vorher in Ruhe eine Strategie zu überlegen, so wie es bereits in unterschiedlichen Zusammenhängen auf den einzelnen Stationen dieses Buches beschrieben wurde. Denn zu einer Gewinner-Strategie gehört, dass man bedenkt, welche Folgen das eigene Handeln hat und wie andere auf unsere Aktionen reagieren werden. Viele Menschen unserer Umgebung sind in weiten Bereichen ihres Handelns berechenbar. Warum dies nicht zum eigenen Vorteil nutzen?

Vier Persönlichkeitstypen

Typologien, die Menschen nach bestimmten Merkmalen unterscheiden, gibt es seit langer Zeit. Der Choleriker beispielsweise treibt sein hitziges und jähzorniges Wesen bereits seit dem Altertum. In der griechischen Philosophie wurde er – zusammen mit dem Sanguiniker, Phlegmatiker und Melancholiker – im Rahmen der antiken Temperamentenlehre beschrieben. Jahrhundertelang teilte man Menschen (allerdings nahezu ausschließlich Männer) nach diesen Kategorien ein. Die hier dargestellten vier Persönlichkeitstypen zeigen sich etwas moderner und heißen Distanz-, Nähe-, Dauer- und Abwechslungstyp. Auch Frauen wurden in den Kreis dieser Persönlichkeitstypen mit aufgenommen.

Die Zugehörigkeit zu einem der vier Persönlichkeitstypen ist bei allen Menschen anlagemäßig mitgegeben. Aber sie kann sich auch aufgrund der Lebensumstände in der Kindheit herausbilden.

Die Kenntnis dieses Typenmodells ist praktisch nutzbar für alle Bereiche, in denen Sie mit Menschen zu tun haben und wo es günstig für Sie ist, sich eine Strategie für Ihr Vorgehen zu überlegen. Sie können damit Ihre Selbst- und Fremdwahrnehmung verbessern und Sie können Ihr Verhalten dort korrigieren, wo es sich für Sie nützlich erweist.

Zunächst möchte ich Ihnen die vier Persönlichkeitstypen mit ihren jeweiligen Licht- und Schattenseiten vorstellen, im Anschluss daran folgt eine Beschreibung, wie die vier Typen jeweils in Auseinandersetzungen und auf Bedrohung reagieren. Schließlich folgen Hinweise, wie Sie eine Strategie für den optimalen Umgang mit Menschen der vier Persönlichkeitstypen entwickeln können.

> **Tipp**
>
> **Wozu ist eine Typologie nützlich?**
>
> Für Ihr berufliches Umfeld können Sie diese Typologie nutzen, um
>
> - Personal gezielt auszuwählen
> - die Gründe zu erkennen, warum in bestimmten Teams und Gruppen ständig »Sand im Getriebe« knirscht
> - Teams nach diesem Modell zusammenzustellen, die effektiv arbeiten und in denen es weniger zu Konflikten kommt als in anderen, die nur nach sachlichen Gesichtspunkten ausgewählt wurden.
>
> Im privaten Bereich können Sie, wenn Sie Ihren Partner/Ihre Partnerin nach dieser Typologie einordnen,
>
> - die Gründe erkennen, warum Ihr Partner/Ihre Partnerin gleiche Dinge anders als Sie erlebt
> - besser verstehen, warum andere Menschen, wenn sie Gleiches wie Sie erleben, andere Schlüsse daraus ziehen
> - bewusster auswählen, wer warum gut zu Ihrer Lebensweise passt.

Der Distanz-Typ: »Aber bitte mit dem nötigen Abstand!«

Hilde hält sich, wenn sie mit anderen Menschen zusammen ist, gerne am Rand des Geschehens auf. Nicht in dem Sinn, dass sie schüchtern ist, nein, sie mag einfach nicht zu viel Nähe. »Ich brauche nicht so viele Menschen um mich«, sagt sie von sich.

Sie ist Richterin und es fällt ihr leicht, auch die komplizierten Fälle zu analysieren. Sie hat genau den Beruf, der ihr gefällt, weil sie weitgehend selbstständig arbeiten kann.

Die Kollegen respektieren sie, obwohl sie manchmal das Gefühl haben, Hilde lebe wie hinter einer gläsernen Wand, die man nicht durchdringen kann.

Auch wenn sie echtes Interesse bei anderen für sich spürt, fällt es Hilde schwer, ihre Gefühle zu zeigen. Sie ist und bleibt eben eine Einzelkämpferin.

LICHT- UND SCHATTENSEITEN UND VERHALTENSMERKMALE DES DISTANZ-TYPS:

☺ Eigenständig, kritisch, nüchtern, Einzelkämpfer/in.

☹ Kontakt- und bindungsscheu, Einzelgänger, die sich ungern in Teams einfügen.

VERHALTEN IM KONTAKT MIT ANDEREN: »JEDE FÜR SICH!«

- Distanz-Typen sind oft nüchterne und souveräne Beobachter und damit gute Diagnostiker und Analytiker.
- Gefühle zu zeigen oder die von anderen aushalten zu müssen, ist nicht ihre Sache. Deshalb möchten sie gerne alles auf Fakten reduzieren.
- Sie haben meistens eine scharfe Wahrnehmung für Vorgänge im anderen, behalten ihre Beobachtungen aber am liebsten für sich.

In Auseinandersetzungen neigen sie dann dazu, ihre Betrachtungen ohne Einfühlung in andere und deren Gefühle zu servieren.
- Sie reagieren bei Unstimmigkeiten oft scharf und verletzend, es fehlen die »Mitteltöne«. Ihre Skepsis, ihre Ironie bis hin zum eisigen Zynismus können für andere, besonders für den Nähe-Typ, ausgesprochen demotivierend wirken.
- Sie lassen sich nicht gern »in die Karten« gucken und wirken deshalb auf andere gelegentlich, als hätten sie Geheimnisse. Dabei wollen sie nur in Ruhe gelassen werden.
- Sie sind meistens eigenständige Einzelkämpfer, vorrangig im Sachbereich einsetzbar. Sie streben danach, sich von nichts abhängig zu machen, auch nicht von Tradition und Dogmen.
- Unabhängig zu sein ist ihr ganzes Streben. In Teams und Gruppen sind sie deshalb oft nur schwer zu integrieren.
- Für Partner und Mitarbeiter ist es oft nicht leicht, die gelegentlich schroffen Stimmungswechsel und das Isolierungsbedürfnis des Distanz-Typs nachzuvollziehen, besonders wenn eine Haltung dahinter steht, die ungefähr ausdrückt: »Ich brauche niemanden und ich will niemandem verpflichtet sein!«

Der Nähe-Typ: »Ich tue alles für dich!«

Frauke ist im ganzen Büro für ihre Hilfsbereitschaft bekannt. Sie ist zur Stelle, wo es ihr nur irgend möglich ist. Sie scheint auf eine geheimnisvolle Weise zu spüren, wenn sie gebraucht wird. Sie ist sehr geschickt, kann kleine technische Probleme an Druckern, Kopierern oder an der Kaffeemaschine mit ihrer Geduld meistens beheben. Wenn eine Kollegin sie bittet, ihr einen Schriftsatz fertig zu stellen, weil sie sonst einen privaten Termin versäumen würde, muss man sie nicht zweimal bitten.

Wenn sie merkt, dass irgendwo ein Streit oder ein Missverständnis zwischen den Kollegen aufgeflammt ist, versucht sie, die Kontrahenten wieder zu einem friedlichen Miteinander zu bewegen.

Ihre andauernde Hilfsbereitschaft verführt andere dazu, dies auszunutzen, weil sie genau spüren, dass Frauke nicht »Nein« sagen kann.

Was sie dagegen sehr braucht, damit ihre Energie nicht erlahmt, ist die Anerkennung und die Dankbarkeit ihrer Kollegen.

LICHT- UND SCHATTENSEITEN UND VERHALTENSMERKMALE DES NÄHE-TYPS

- ☺ Sind unauffällig, hilfsbereit, ausgleichend, einfühlsam. Können nur schwer »Nein« sagen.

- ☹ Greifen nicht zu, sind konfliktscheu und häufig aggressionsgehemmt. Verharmlosen Konflikte: beschwichtigen, statt sich auseinanderzusetzen.

VERHALTEN IM KONTAKT MIT ANDEREN: »ICH TUE ES FÜR DICH!«

- Nähe-Typen sind ausgleichend, akzeptierend, verständnisvoll und haben Teamgeist. Die anderen (besonders wenn sie zu den Distanz-Typen gehören) müssen im Umgang mit Nähe-Typen daran denken, dass sie stets besondere Zuwendung und wohlwollende Aufmerksamkeit brauchen, um motiviert zu bleiben.

- Da Nähe-Typen immer gerne hilfreich sein wollen, nehmen sie oft zu viele Aufträge an und belasten sich damit über das ihnen zuträgliche Maß: sie können sich gegenüber Forderungen anderer eben nicht gut abgrenzen. Statt »Nein« zu sagen, folgern sie im Fall von Überlastung dann: »Die Arbeit frisst mich auf!«

- Unangenehme Entscheidungen durchzusetzen fällt ihnen sehr schwer, weil beliebt sein wichtiger ist als eine Sachlösung durchzusetzen. Deshalb haben sie, wenn sie Führungskräfte sind, auch Schwierigkeiten einzugreifen und die Dinge offensiv anzugehen.
- Leuten mit »Ellenbogen« stehen sie oft hilflos gegenüber oder lassen sich rasch demotivieren, weil ihnen offene Aggressionen in jedem Fall unheimlich sind. Dabei sind Nähe-Typen nicht etwa übermenschlich aggressionslos. Ihre Art, aggressiv zu werden, ist sehr verdeckt und meist nur unter der Oberfläche spürbar. Stumme Vorwürfe zum Beispiel gehören dazu. Oft reagieren andere mit Schuldgefühlen auf dieses wortlose: »Sieh nur, was ich alles (für dich) tue!«
- Nähe-Typen haben in Gruppen und Teams eine wichtige Funktion: nämlich die, auszugleichen und zu harmonisieren.

Der Dauer-Typ: »Ich tue meine Pflicht!«

Susi und Katja arbeiten als Bedienungen in einem großen Restaurant. In freien Minuten treffen sie sich gerne irgendwo in einer Ecke zu einem Schwätzchen. Häufiges Thema dabei ist ihre Chefin. »Mich nervt die total!«, entfährt es Susi meistens, weil die Chefin keinen noch so kleinen Fehler durchgehen lässt. Sie scheint ihre Augen überall zu haben, rückt hier den Tischschmuck genau in die Mitte, dort einen Stuhl in einen abgezirkelt erscheinenden Abstand. »Heute hat sie mich angemacht, weil ich fünf Minuten zu spät gekommen bin«, klagt Susi beispielsweise.

Katja, die auch unter der ihrer Ansicht nach übertriebenen Ordnungsliebe der Chefin leidet, findet aber dennoch auch gute Seiten an ihr: »Zum einen zahlt sie pünktlich und ist auch sonst zuverlässig, wenn sie einem etwas zusagt. Du musst auch zugeben, dass der Laden bestens läuft. Gut, sie verändert die Menüs nicht und die Einrichtung schon gar nicht. Aber viele Gäste scheinen das offensichtlich zu mögen, denn es ist ja immer voll.«

LICHT- UND SCHATTENSEITEN UND VERHALTENSMERKMALE DES DAUER-TYPS

- ☺ Sind zuverlässig und pünktlich. Ordnungsliebend und systematisch. Ausdauernd.
- ☹ Haben Probleme, Entscheidungen zu fällen. Zögern, zaudern. Wollen alles »im Griff« haben und neigen dazu, andere zu kontrollieren und zu bevormunden.

VERHALTEN IM KONTAKT MIT ANDEREN: »ICH MUSS HIER ERSTMAL ORDNUNG IN DIESES CHAOS BRINGEN!«

- Dauer-Typen sind immer da motivierbar, wo es um Ordnung und Struktur geht.
- Privat (und beruflich natürlich auch) sind für ein gutes Zusammenleben oder -arbeiten klare Abmachungen über Aufgaben- und Zuständigkeitsbereiche wichtig. Wer mit einem ausgesprochenen Dauer-Typen zu tun hat, muss sich vor dessen/deren Ordnungsliebe schützen. Unter Umständen muss man mit Dauer-Typen absprechen, dass bestimmte Areale nicht seinen/ihren Aufräum-Aktionen unterstehen.
- Obwohl Dauer-Typen gerne aufräumen, haben sie doch Schwierigkeiten, Dinge wegzuwerfen. Sie sind die geborenen Sammler und können sich nur schwer von Sachen trennen.
- Dauer-Typen sind beruflich dort nicht einsetzbar, wo es um Innovationen geht, denn sie halten lieber an Traditionen und Überlieferungen fest, als dass sie Dinge verändern.

- Oft haben Dauer-Typen Entscheidungsschwierigkeiten, weil alles, was mit Weglassen, Loslassen und Trennen zu tun hat, ihnen Schwierigkeiten macht.
- Wenn auf Hierarchieebenen zwei Dauer-Typen hintereinander positioniert sind, wird sich wenig bewegen, weil beide damit beschäftig sind, die Dinge so zu belassen, wie sie nun einmal sind.
- Bei Konflikten neigen Dauer-Typen dazu, ihre Ansichten ziemlich einseitig, oftmals stur und auch rechthaberisch und manchmal sogar penetrant und detailbesessen zu vertreten. Wenn Sie es mit einem ausgeprägten Dauer-Typen zu tun haben, sollten Sie in Konflikten nicht mit ihm oder ihr diskutieren, weil es bei ihm/ihr vorrangig nicht um die Lösung geht, sondern darum, Recht zu haben.

Der Abwechslungs-Typ: »Heute dies, morgen das: Hauptsache, es macht Spaß!«

Susan erscheint die Zusammenarbeit mit ihrer Partnerin Annette zunehmend erschwert. »Erst habe ich geglaubt, die Schwierigkeiten beruhen darauf, dass die Deutschen anders arbeiten als wir Amerikaner. Aber das ist nicht der Grund. Ich kann mich einfach nicht auf sie verlassen«, klagt sie. Und als hätte sie das Gefühl, etwas Negatives und Unzulässiges über jemand anders gesagt zu haben, fügt sie schnell hinzu: »Sie ist die Kreative von uns beiden. Sie ist ungemein kontaktstark. Sie findet sich in jede Situation ein. Damit übernimmt sie einen ganz wichtigen Teil in unserem Zweierteam. Aber wenn sie sich doch nur bei all ihrer Wendigkeit an unsere Absprachen halten würde!«

LICHT- UND SCHATTENSEITEN UND VERHALTENSMERKMALE DES ABWECHSLUNGS-TYPS

☺ Sind kreativ, einfallsreich, spontan, charmant und können gut improvisieren. »Locker, leicht, flockig, suggestiv und wendig!«

☹ Unzuverlässig und unberechenbar. Planlose Aktivität.

VERHALTEN IM KONTAKT MIT ANDEREN: »ICH HAB DA EINE IDEE!«

- Abwechslungs-Typen sind die Trendsetter und Ideenbringer, die für die innovativen Vorgänge überall so wichtig sind. Sie verfügen oft über eine ausgeprägte Intuition, sie »riechen« Trends, spüren in der Luft liegende Entwicklungen, können aber oft nicht sagen, weshalb etwas ihrer Ansicht nach so kommen wird, wie sie es empfinden.
- Sie repräsentieren meistens gern und meistens charmant, haben viele »Rollen« drauf, die sie mühelos spielen können.
- Entscheidungen fällen ist nicht unbedingt ihre Sache, aber aus anderen Gründen, wie es beim Dauer-Typ der Fall ist. Abwechslungs-Typen mögen sich nicht gerne festlegen, bleiben lieber unbestimmt.
- Als Führungskräfte geben sie wenig Orientierung, geben keine Richtung vor und erwarten (am liebsten vom Nähe-Typ), dass man ihre Wünsche irgendwie medial erfasst.
- Bei starker Ausprägung brauchen Abwechslungs-Typen unbedingt einen Dauer-Typen zur Seite, der die realistische Prüfung der intuitiven Eingebungen vornimmt.
- Details erarbeiten und durchhalten machen den Abwechslungs-Typen meistens »keinen Spaß«. Sie trösten sich mit irgendeiner Größenfantasie von sich selber: »Wenn ich wollte, könnte ich...«

- Sie neigen dazu zu übertreiben und mit der Realität zu spielen. Intrigieren und andere manipulieren zu wollen, gehört zum Negativrepertoire dieses Typs und diese Eigenschaften erschweren den Umgang mit ihnen – trotz des spielerischen Charmes, über den sie oft verfügen.
- Kehrseiten im verführerischen Verhalten des Abwechslungs-Typs: Angesicht der Originalität und des Einfallsreichtums eines ausgeprägten Abwechslungs-Typs müssen andere (Teammitglieder) darauf bedacht sein, nicht die Bühne für dessen (oder deren) Selbstdarstellungsbedürfnisse anzubieten: Abwechslungs-Typen können wahre Energie-Staubsauger für die Kräfte der anderen Gruppenmitglieder sein, weil sie viel Aufmerksamkeit von den anderen brauchen.

Reaktionsweisen in **Auseinandersetzungen** und bei Bedrohung

Weil Menschen oft anderen nicht zeigen wollen, dass sie sich gerade ängstlich, unsicher, mutlos oder sonst wie irritiert fühlen, verbergen sie ihren inneren Zustand auf unterschiedliche Weise:

DER DISTANZ-TYP:
- Den Distanz-Typen ist stets daran gelegen, korrekt und vernünftig nach außen zu erscheinen. Sie möchten überaus vernünftig wirken: »Wenn man sorgfältig beobachtet, kann man eigentlich die Situation als nicht gefährlich einstufen.« Sie wollen nach außen den Eindruck vermitteln: »Ich bin ruhig, kühl und gesammelt.«
- Während sich aber innerlich vielleicht etwas ganz anderes abspielt: »Ich fühle mich verletzlich.« (»Und das will ich anderen nicht zeigen.«)

- Die »Kopfbewohner« eines Distanz-Typs geben kühle Anweisungen: »Sprich die richtigen Worte!«, »Zeige kein Gefühl!«, »Reagiere nicht!«

DER NÄHE-TYP

- Nähe-Typen versuchen bei Auseinandersetzungen und anderen schwierigen und/oder eskalierenden Situationen zu beschwichtigen. Sie möchten mit ihrem Verhalten vermeiden, dass andere Personen ärgerlich werden. Sie weichen Konflikten mit diesem Verhalten am liebsten aus, weil sie der mögliche Näheverlust ängstigt.
- Die Worte von Nähe-Typen bleiben zustimmend. »Was auch immer du willst, ist in Ordnung. Ich existiere nur, um dich glücklich zu machen.«
- Die »Kopfbewohner« skandieren im Chor: »Ohne die anderen bist du gar nichts!«, »Allein bist du nichts wert.«

DER DAUER-TYP

- Ausgeprägte Dauer-Typen wollen immer als stark angesehen werden und so, als hätten sie die Dinge unter Kontrolle. Sie verschieben die Schuld an Missgeschicken meistens auf andere oder auf die Umstände: »Ich war's nicht!«
- Selbst wenn sie es nicht aussprechen, hat man das Gefühl, sie sagen oder fragen auf eine mehr oder weniger anklagende oder vorwurfsvolle Weise: »Du machst nie etwas richtig!« »Muss ich denn immer alles alleine machen?«
- Die »Kopfbewohner« sind sich mit ihm/ihr einig: »Im Prinzip bin ich einsam und erfolglos.«

DER ABWECHSLUNGS-TYP

- Abwechslungs-Typen versuchen erst einmal, Bedrohungen oder Missverständnisse zu ignorieren, und verhalten sich so, als seien sie gar nicht vorhanden: »Vielleicht löst sich ja alles von selbst!« Oder: »Morgen ist auch noch ein Tag!«
- Sie überraschen andere damit, dass ihre Worte oft ohne Beziehung zu dem stehen, was irgendein anderer gesagt oder getan hat. Das heißt, sie versuchen beispielsweise in Auseinandersetzungen, durch einen Wechsel des Themas einem Gespräch, das unangenehm zu werden droht, durch Ablenkung zu entkommen. Da das oft ganz zusammenhanglos geschieht, ist es für Gesprächspartner nicht immer leicht zu verstehen, was im Kopf eines Abwechslungs-Typs vor sich geht oder dem Gespräch wieder die gewünschte Richtung zu geben.
- Die »Kopfbewohner« machen den Abwechslungs-Typen oft schwere Vorwürfe: »Du solltest eigentlich ...«, »Du müsstest jetzt ...!«

Typgerechte und erfolgreiche Konfliktlösungsstrategien

DER DISTANZ-TYP

Da Distanz-Typen Probleme möglichst rational lösen möchten, könnte Ihre Strategie in Auseinandersetzungen so aussehen: Stimmen Sie Ihrem Gegenüber zu, dass Sie die nüchterne Art, an Probleme heranzugehen, die Sie an ihm/ihr beobachten, beeindruckt und dass es viele Vorteile hat, so vorzugehen. Und dann erst vermitteln Sie Ihrem Gegenüber, dass es durchaus Menschen gibt, die es anders machen, die anders denken und erleben und denen beispielsweise Gefühle wichtig sind.

Das heißt, Sie zeigen Ihre eigenen Gefühle nicht direkt, sondern sprechen darüber. Das öffnet die Tür zum Distanz-Typ.

Distanz-Typen mögen klare und sachliche Abmachungen. Gefühle zu zeigen oder auf die anderer reagieren zu müssen, macht sie hilflos und sie reagieren abweisend.

Statt emotionale Debatten zu führen, kommen Sie mit Distanz-Typen viel eher zurecht, wenn Sie ihm/ihr Vorschläge unterbreiten, wie sich Ihrer Vorstellung nach die Dinge regeln lassen.

DER NÄHE-TYP

Wenn ausgeprägte Nähe-Typen in Konflikten anmerken, alles sei doch gar nicht so schlimm und das würde schon alles wieder, fühlt sich das Gegenüber manchmal wie in Watte gepackt und reagiert wie hypnotisiert durch diese Beschwichtigungsversuche. Da ist es wichtig, den inneren Kontakt zu den eigenen Zielen zu behalten und sie sachlich, ohne Druck auszuüben, zu vertreten: »Ich verstehe, dass du keinen Streit willst – *und* ich bin anderer Ansicht.« Wobei das Wörtchen »und« im Kontakt mit Nähe-Typen das verbindende Element ist, das sie so nötig brauchen. Mit dem Wörtchen »und« erreichen Sie bei Nähe-Typen mehr, als wenn Sie auf den Gegensätzen zwischen den jeweiligen Meinungen beharren.

DER DAUER-TYP

Dauer-Typen haben Recht! Wenn Sie sich in Auseinandersetzungen auf Diskussionen um Details mit ihnen einlassen, sind Sie von vornherein im Nachteil.

Stimmen Sie Dauer-Typen erst einmal zu, denn wo sie Recht haben, haben sie Recht! Einer der Vorteile von Dauer-Typen ist, dass sie »Klartext« verstehen. »Ja, das wird so sein, wie Sie es sagen. Da haben Sie sicherlich Recht. Aber es ist dennoch nötig, dass wir uns einigen.« Sagen Sie, wie Sie es sich vorstellen und lassen Sie ihn/sie erst einmal in Ruhe, weil er/sie Zeit braucht, um die Dinge für sich zu ordnen.

DER ABWECHSLUNGS-TYP

Spielerisch und ausweichend agieren ausgeprägte Abwechslungs-Typen, wenn sie Konflikten gegenüberstehen. Sie sind einfach nicht zu fassen, behaupten heute das Gegenteil von gestern und weichen aus, weil sie virtuos mit ihrem breiten Verhaltensrepertoire spielen können. Wichtig für Ihren Umgang mit Abwechslungs-Typen: Lassen Sie sich nicht ablenken, bleiben Sie bei Ihrem Anliegen. Achten Sie auf Ihre Gefühle und wenn Sie sich ärgern, zeigen Sie Ihren Ärger. Was immer Sie mit einem Abwechslungs-Typ verabreden: Achten Sie darauf, dass er/sie es auch einhält.

Wenn Sie irgendetwas mit Abwechslungs-Typen besprechen wollen, schreiben Sie die Punkte vorher auf und geben ihm/ihr eine Kopie Ihres Exemplars in die Hand und dann gehen Sie die Punkte nacheinander durch. Denn im Umgang mit Abwechslungs-Typen brauchen Sie ein strukturiertes Vorgehen, sonst weicht er/sie aus!

Erinnern Sie sich an Vera, die sich über ihr spontanes Vorgehen im Nachhinein sehr ärgerte und ihre Kündigung bereute? Sie fand heraus, dass ihr Chef zwar eine Mischung aus mehreren Typologien war, aber auch viele Eigenschaften des Nähe-Typs besaß. »Nähe-Typen helfen und unterstützen gerne«, meinte sie nachdenklich. »Ich glaube, ich werde zu ihm gehen und ihm von meinem Fehler erzählen und wie sehr ich meine Kündigung bereue und ihn um Hilfe bitten.« Genau das tat sie und ihr Chef reagierte gut auf ihr Eingeständnis, stellte sie zwar nicht wieder selber ein, weil der Posten inzwischen besetzt war. Aber er war ihr bei der neuen Jobsuche behilflich.

Übung zur Stärkung von Selbst- und Fremdwahrnehmung

Hören Sie, wenn Sie mit anderen Menschen zusammen sind, doch einmal genau auf deren »Typ-Aussagen«. Sie werden erstaunt sein, wie viel sie, oft in einem einzigen Satz, der vielleicht ganz nebenbei gesprochen wird, über sich aussagen.

Und achten Sie doch einmal darauf, was sie nicht sagen!

Beispielsweise wird ein Distanz-Typ nicht über sein etwaiges Mitleid sprechen, das er mit den Opfern des Irak-Krieges empfindet. Dafür weiß er/sie aber erstaunlich viele Fakten über den Ablauf des Krieges, was wiederum den Nähe-Typ schrecklich langweilt, weil ihn/sie die menschlichen Schicksale weit mehr interessieren.

Streit bekommt der Distanz-Typ in Diskussionen schnell mit einem Dauer-Typ, weil der/die meint, die Zahlen und Fakten jeweils genauer zu kennen und durch Besserwissen in Konkurrenz zum anderen tritt.

Abwechslungs-Typen langweilt eine derartige Diskussion und er/sie wird das auch mitteilen: »Kommt, lasst uns doch …!«

Wenn Sie selber viele Merkmale des Distanz-Typs bei sich entdecken, kann es für Sie nützlich sein zu wissen, dass nicht jeder Ihr Bedürfnis nach Alleinsein und Rückzug überhaupt versteht.

Und wenn Sie eine Partnerschaft bilden aus einem Dauer-Typ und einem Abwechslungs-Typ, können Sie in Zukunft vielleicht toleranter auf die jeweiligen Eigenheiten reagieren – der oder die andere ist eben anlagemäßig so, wie er/sie ist: Der Dauer-Typ braucht die genaue Planung, dem Abwechslungs-Typ ist das ein Gräuel.

Und wenn Sie selber beim Durchlesen gemerkt haben, dass Sie einen ausgesprochen hohen Anteil an Nähe-Typ in sich tragen, sagen Sie sich immer wieder: Nicht jeder, der sich von Ihnen abgrenzt, hat etwas gegen Sie!

Frage zum Nach-Denken
»Zu welchem Typ gehöre ich selber?!

Erlaubnis auf dieser Station
»Du darfst ein Gespräch in deinem Sinn ›führen‹ (leiten)!«

Selbstaffirmation
»Ich achte darauf, was andere sagen, und auch, wie sie es sagen!«

Grenzen des Selbstcoachings

Menschen sind meistens komplizierter, individueller und vielschichtiger, als durch die Persönlichkeits-Typen dargestellt.
 Die Grenze des Selbstcoachings in Hinsicht auf die Verwendbarkeit des Typen-Modells liegt deshalb darin, es nicht überzubewerten. Nicht alles, was Menschen tun, kann man nach diesem Modell erklären – selbst, wenn es sich in manchen Bereichen als nützlich und gut verwendbar erweist.

Station 10

Gelassenheit und Zusammenschau

Diese Station entspricht einem seelischen Zustand von Zufriedenheit, Wohlbehagen und Gelassenheit, wie man ihn erlebt, wenn man aufregende Krisen, Zeit und Kraft raubende Schwierigkeiten, unlösbar scheinende Probleme oder Konflikte bewältigt und hinter sich gelassen oder wichtige Vorhaben zu Ende gebracht hat.

Das Echo der gerade überstandenen komplizierten Lebensphase klingt zwar noch nach, aber man weiß, erst einmal hat man's wieder mal geschafft. Man spürt, dass sich die Blockaden gelöst haben, dass man Hürden überwunden hat und man wieder fröhlich und zuversichtlich auf die Welt zugehen kann.

Jedes Mal, wenn man diese Phase oder diesen Zustand erreicht, weiß man zwar, dass es so nicht bleiben wird und das nächste Problem wahrscheinlich schon im Anmarsch ist, aber erst einmal hat man das hinter sich gelassen, was einen »umgetrieben« hat.

Die Bedeutung der zehnten Station liegt darin, diese guten Zeiten im Leben auch wirklich bewusst zu erleben, sie zu würdigen und sie ausgiebig zu genießen. Gerade weil Sie wissen, dass es so nicht bleiben wird und die Zeit weitereilt, sollten Sie sich einen Moment der Reflexion und Ruhe gönnen. Denn dies ist der Zeitpunkt der Belohnung dafür, dass Sie etwas gut gemacht oder heil überstanden haben, und damit ein wichtiger Haltepunkt in Ihrem Leben. Vielleicht auch ein Moment der Dankbarkeit. Wenn Sie sich die Zeit für diese Unterbrechung im Ablauf der Ereignisse nicht gönnen, übergehen Sie die besten Zeiten in Ihrem Leben! Deshalb: Machen Sie eine Pause, obwohl die Zeit im »Sauseschritt« weitereilt. Holen Sie sich durch einen Rückblick und durch die Besinnung darauf, was war und was Sie geschafft und überwunden haben, neue Kraft und Zuversicht für die nächsten Herausforderungen!

Rückblick

Selbst im Wissen darüber, dass sich die Dinge auch wieder einmal trüben werden, nehmen Sie sich einen Moment Zeit, auf vergangene Ereignisse zurückzublicken und auf das, was Sie geschafft, getan oder überwunden haben.

Praxis

Rückblick auf das, was Sie geschafft haben

Beantworten Sie sich die folgenden Fragen und übergehen Sie besonders die letzte nicht!

- Wie ging es mir (vor einer Woche / einem Monat / einem Jahr / als es anfing)?
- Wie geht es mir jetzt?
- Was habe ich erreicht?
- Was habe ich gelernt?
- Sehe ich mich / die Welt / andere Menschen jetzt anders als vorher?
- Für welche Bereiche gilt das besonders?
- Wie/womit belohne ich mich jetzt selber???

Auch die nächste Übung hilft Ihnen, die guten Zeiten bewusst zu erleben.

Ihre Stärkenliste

Bei dieser Übung geht es um die Beantwortung und Auseinandersetzung mit den folgenden zwei Fragen. Dabei geht es nicht mehr um den Rückblick auf das Vergangene wie oben, sondern um die Besinnung auf Ihre Stärken.

- Was kann ich gut?
- Was kann ich außerdem gut?

Schreiben Sie alles auf, was Ihnen dazu einfällt. Und hängen oder legen Sie sich Ihre Stärkenliste irgendwo hin, wo Sie sie täglich sehen können!

Eine Frage zum Nach-Denken
»Was habe ich heute (in der letzten Woche / im letzten Monat / im letzten Jahr) gut gemacht?«

Erlaubnis auf dieser Station
»Du darfst dir Pausen für deine Erholung gönnen!«

Selbstaffirmation
»Ich gehe achtsam mit mir und anderen um!«

Grenzen des Selbstcoachings

Kennen Sie derartige Momente der inneren Balance, der Harmonie und Ruhe, wie sie oben beschrieben wurden, überhaupt nicht in Ihrem Leben? Oder viel zu wenig, um für neue Herausforderungen Kraft und Zuversicht zu sammeln? In diesem Fall empfehle ich Ihnen dringend, sich psychotherapeutische Hilfe zu holen, um einem drohenden Burn-out-Syndrom rechtzeitig vorzubeugen.

Die letzte Seite

Ich habe in diesem Buch die häufigsten Probleme und deren mögliche Lösungswege zusammengefasst, wie ich sie in meiner Beratungspraxis beobachtet und/oder im eigenen Leben erfahren habe. Mit dem unten wiedergegebenen Zitat aus dem *Rosenkavalier* möchte ich mein Buch beenden.

> ***Octavian:***
> Ich will den Tag nicht sehn.
> Ich will den Tag nicht denken.
> Was quälst du dich und mich, Theres?
> ***Marschallin:***
> Heut oder morgen oder den übernächsten Tag.
> Nicht quälen will ich dich, mein Schatz.
> Ich sag, was wahr ist, sag's zu mir so gut als zu dir.
> Leicht will ich's machen dir und mir.
> *Leicht muss man sein,*
> *mit leichtem Herz und leichten Händen*
> *halten und nehmen, halten und lassen ...*
> (hervorgehoben von der Verf.)

Die letzte Seite

Ich wünsche Ihnen als Leserin dieses Buches ein Leben, in dem es Ihnen gelingt, Probleme und Vorhaben »mit leichter Hand« anzugehen und in dem Sie viele Momente von Glück, Zufriedenheit und heiterer Harmonie in innerer Balance erleben dürfen. Und ich wünsche Ihnen, dass es Ihnen immer wieder gelingen möge, die eventuellen Brüche zwischen Ihrer Kindheit und Ihrem heutigen Erwachsenenleben zu erkennen und verbindende Brücken herzustellen.

Anmerkungen
zu den einzelnen Stationen

»Packen Sie Ihr Potenzial aus«

Menschliche Lebenszyklen und Entwicklungsschritte sind Gegenstand vieler Untersuchungen und in vielen Veröffentlichungen beschrieben worden.

Die Transaktionsanalytikerin *Pam Levin* hat ein Modell der Persönlichkeitsentwicklung entwickelt, in dem sie Entwicklungszyklen beschreibt, die sich nach ihrer Ansicht alle sieben Jahre wiederholen. Es gibt innerhalb der einzelnen Zyklen »große« und »kleine« Entwicklungszyklen, die dazu dienen, alte und überholte Lebensmuster aufzuarbeiten. Pam Levin (siehe Literaturverzeichnis) nennt diese Zyklen »Zyklen der Kraft«. Dieses Modell war mir wegen der positiven und »Erlaubnis«-orientierten Ausrichtung wichtig als Anregung für die Ausarbeitung der zehn Stationen dieses Buches.

Wichtige Anstöße für dieses Buch verdanke ich außerdem meinem (inzwischen verstorbenen) Lehrer Werner Klosinski, der sein breites psychologisches Wissen großzügig weitergab und mir sein Material über den von ihm konzipierten Entwicklungskreis zur Verfügung stellte.

Ich möchte, indem ich diese Struktur der zehn Stationen für mein Buch über Selbstcoaching wählte, den Blick der Leserinnen darauf lenken, dass es – bedingt durch die raschen Wandlungen auf allen Gebieten des Lebens – in unserer Zeit schwer ist, brauchbare Überzeugungen und dauerhaft durch das Leben tragende Handlungsmuster zu entwickeln (und/oder als Eltern zu vermitteln).

Wie ich in dem Abschnitt »Rollen und Rollenvermischungen« herausgehoben habe, verlief das Leben früher statischer und festgelegter als heute. In einer sich dynamisch verändernden Welt ist es notwendig – will man sich nicht selbst verlieren oder aber in zu früher Festgelegtheit verharren – sich und seine Überzeugungen häufiger zu hinterfragen, als das früher nötig war.

Das bedeutet »lebenslanges Lernen«, und zwar nicht als griffiges Schlagwort gemeint und auf rasch erworbene äußere Fertigkeiten ausgerichtet, sondern als notwendige Bereitschaft, sich bewusst mit der eigenen Vergangenheit, der Gegenwart und Zukunft inmitten sich ständig wandelnder und verändernder gesellschaftlicher und sozialer Strukturen auseinanderzusetzen.

Station Eins
Weiterführende Literatur zu dem Thema »Inneres Wissen«:
Marie-Louise von Franz, *Schöpfungsmythen*, München 1990
Ingrid Riedel, *Die weise Frau in Märchen und Mythen*, München 1995
Ingrid Riedel, *Bilder in Therapie, Kunst und Religion*, Stuttgart 1988
Clarissa P. Estés, *Die Wolfsfrau. Die Kraft der weiblichen Urinstinkte*, München 1993

Station Zwei
Die hier aufgeführten Beziehungsbedürfnisse beruhen auf einem von Richard G. Erskine und Rebecca L. Trautmann entwickelten Modell (Richard G. Erskine/Rebecca L. Trautmann, *Methods of an Integrative Psychotherapy*, TAJ Oct. 1996, 316). Ich habe dieses Modell nach persönlichen Aufzeichnungen aus Seminaren bei Richard Erskine und Charlotte Christoph-Lemke für dieses Buch leicht verändert.
Primo Levi, *Die Atempause*, 4. Aufl., Juni 1999, S. 52

Station Drei

Siegreiche männliche Helden, die während ihrer Abenteuer den Weg zu sich selbst finden, traten im künstlerischen Ausdruck jahrhundertelang in Erscheinung. Frauen spielen dabei meistens die Rolle des zu erobernden und zu befreienden Opfers und der selbstlosen Helferin. Berichte über die »heldische« Entwicklung von Frauen sind – soweit sie von Frauen verfasst werden – noch weitgehend Neuland.

Die Station Drei ist deshalb so wichtig für Frauen, weil die bewusste Auseinandersetzung mit den eigenen Ressourcen und ihrem Einsatz beziehungsweise Umsetzen in die Praxis dabei weiterhilft, die eigene Definition als Frau in unserer Gesellschaft zu bilden, die heute weitaus mehr Facetten umfasst, als es noch vor ein bis zwei Generationen der Fall war.

Mögliche Wege zu innerer Freiheit und Unabhängigkeit, wie sie von einigen Autorinnen beschrieben werden, die alte Klischees auf den Kopf stellen und damit Ihre Fantasie anregen könnten, finden Sie in *Schwertschwester. Magische Geschichten,* herausgegeben von Marion Zimmer Bradley, Fischer TB 1986.

Station Vier

Die Grundposition in diesem Kapitel ist ein leicht verändertes Konzept aus der Transaktionsanalyse (siehe Literaturverzeichnis Leonhard Schlegel).
Quelle für das Mini-Skript: Taibi Kahler und H. Capers, *The miniscript*, TAJ, 4, 1, 1974, 26-42
Britta Waldschmidt-Nelson, *Malcolm X als Martin Luther King*, 3. Aufl., Frankfurt am Main 2002
Quelle für die Polaritätsübung: Peter Lambrou, *Emotionales Selbstmanagement. Akupressur für die Gefühle*, München 2000

Station Fünf

Für den Abschnitt »Kopfbewohner« fasste ich mehrere Konzepte aus der Transaktionsanalyse zusammen und brachte sie miteinander in Beziehung. Siehe auch: Ian Stewart und Vann Joines, *Die Transaktionsanalyse. Eine Einführung*, 3. Aufl., Freiburg 2003
Mary Goulding, *Kopfbewohner« oder: Wer bestimmt dein Denken? Wie man die Feindschaft gegen sich selbst mit Spaß und Leichtigkeit in Freundschaft verwandelt*, Paderborn 1988
Friedemann Schulz von Thun, *Miteinander reden 3. Das »Innere Team« und situationsgerechte Kommunikation*, 11. Aufl., Hamburg 2003
Donald Spoto: *Marilyn Monroe*, München 1993

Station Sechs
Von Buddha berichtet: Thich Nhat Hanh, *Das Glück einen Baum zu umarmen*, München 1997, S. 54

Zwischen zwei Stationen
Leon de Winter, *Sokolows Universum*, Zürich, 1999, S. 247

Station Sieben
Die hier vorgestellten Vermeidungsstrategien entstanden in Anlehnung an das Passivitätskonzept von Aaron Wolfe Schiff/Jacqui Lee Schiff, *Neues aus der Transaktionsanalyse*, Juli 1977

Station Acht
Michael Ende, *Momo. Hier vor allem: Die seltsame Geschichte von den Zeit-Dieben und von dem Kind, das den Menschen die gestohlene Zeit zurückbrachte*, Hamburg 1973, S. 36 (leicht verändert)
Lewis Carroll, *Alice im Wunderland*, Hamburg 1991
Hans Eberspächer, *Ressource Ich. Der ökonomische Umgang mit Stress*, München/Wien 1998, S. 82
Zum Thema Mentoring: Nele Haasen, *Mentoring. Persönliche Karriereförderung als Erfolgskonzept*, München 2001

Station Neun
Wer sich intensiver mit Persönlichkeitstypologien befassen will, dem empfehle ich:
Fritz Riemann, *Grundformen der Angst. Eine tiefenpsychologische Studie*, 32. Aufl., München 2000

Die letzte Seite
Der Rosenkavalier, Komödie für Musik in drei Aufzügen von Hugo von Hofmannsthal, Musik von Richard Strauss, 1. Akt

Literatur

Buckingham, Marcus/Coffman, Curt: *Erfolgreiche Führung gegen alle Regeln. Wie Sie wertvolle Mitarbeiter gewinnen, halten und fördern*, Bielefeld 2001

Christiani, Alexander: *Weck den Sieger in dir. In 7 Schritten zu dauerhafter Selbstmotivation*, 2. Aufl., Wiesbaden 2002

Diessner, Helmar: *Gruppendynamische Übungen und Spiele. Ein Praxishandbuch für Aus- und Weiterbildung sowie Supervision*, 2. Aufl., Paderborn 1998

Eberspächer, Hans: *Ressource Ich. Der ökonomische Umgang mit Stress*, München 1998

English, Fanita: *Es ging doch gut, was ging denn schief? Beziehungen in Partnerschaft, Familie und Beruf*, Gütersloh 1982

Erikson, Erik H.: *Identität und Lebenszyklus. Drei Aufsätze*, Frankfurt/Main 1976

Erskine Richard G./Moursund, Janet P.: *Kontakt. Ich-Zustände. Lebensplan. Integrative Psychotherapy in Action*, Paderborn 1991

Feiher, Roger/Ury, William/Patton, Bruce M.: *Das Harvard-Konzept: sachgerecht verhandeln – erfolgreich verhandeln*, 21. Aufl., Frankfurt/Main 2002

McClure Goulding, Mary/Goulding, Robert L.: *Neuentscheidung. Ein Modell der Psychotherapie*, 6. Aufl., Stuttgart 1999

Perls, Frederick S./ Hefferline, Ralph F./ Goodman, Paul: *Gestalttherapie. Grundlagen*, München 1998

Riemann, Fritz: *Grundformen der Angst. Eine tiefenpsychologische Studie*, 32. Aufl., München 2000

Satir, Virginia: *Selbstwert und Kommunikation: Familientherapie für Berater und zur Selbsthilfe*, 15. Aufl., München 2002

Schenk, Herrad: *Glück und Schicksal – Wie planbar ist unser Leben?* 2. Aufl., München 2001

Schlegel, Leonhard: *Handwörterbuch der Transaktionsanalyse*, Freiburg im Breisgau 1993

Schneider, Johann: *Supervidieren & beraten lernen. Praxiserfahrene Modelle zur Gestaltung von Beratungs- und Supervisionsprozessen*, Paderborn 2000

Stewart, Ian/ Joines, Vann: *Die Transaktionsanalyse. Eine Einführung*, Freiburg 1990

Netzwerke
und Beratungsstellen

AEP – Arbeitskreis Emanzipation und Partnerschaft
Müllerstraße 26
A-6020 Innsbruck
Tel. 0043 / 512 / 58 36 98
E.Mail: aep.frauenbibliothek@aon.at
Internet: www.aep.at
Kurse, Beratung, Vermittlung von Kontaktadressen

BAlance netz
Neugasse 43
CH-9000 St. Gallen
Tel. 0041 / 71 / 223 15 31
Fax: 0041 / 71 / 223 15 32
Coaching-Gruppen für Frauen

BASIS – Zentrum für Frauen im Außerfern
Mädchen-, Frauen und Familienberatung
Obermarkt 3
A-6600 Reutte
Tel. 0043 / 5672 / 72 604
E-Mail: office@basis-beratung.net
Internet: www.basis-beratung.net
Kurse, Beratung, Vermittlung von Kontaktadressen

B.F.B.M. – Bundesverband der Frauen im freien Beruf und Management
Monheimsallee 21
52062 Aachen
Tel. 0241 / 401 84 58
E-Mail: verband@bfbm.de
Internet: www.bfbm.de
Kontakte, Weiterbildung, Gleichberechtigung

BPW – Business und Professional Women
Tempelhofer Damm 2
12101 Berlin
Tel. 030 / 78 89 59 98
Internet: www.bpw-germany.de
www.bpw-europe.org
www.youngbpw-europe.org
Kooperation, Förderung, Kontaktpflege und Verständigung

Deutscher Frauenring
Bismarckallee 16
79098 Freiburg
Tel. 0761 / 3884848
E-Mail: Frauenring-dfr@t-online.de
Internet: www.frauenring-dfr.de
Vermittlung von Adressen für Hilfestellung in Ortsverbänden

DGTA-Geschäftsstelle
Deutsche Gesellschaft für Transaktionsanalyse
Silvanerweg 8
78464 Konstanz
Tel. 0753 / 95270
E-Mail: DGTA.GS@t-online.de
Vermittlung von Adressen für Ausbildung, Psychotherapie und Supervision/Coaching

EAS e.V.
Fachverband Supervision in Europa
Geschäftsstelle in Deutschland:
Kirchröder Strasse 92
30625 Hannover
Tel. 0511 / 554252
Internet: Eas-office@t-online.de
Vermittlung von Adressen für Hilfestellung und Supervision/Coaching

EWMD – European Women's Management Development Deutschland e.V.
Anklamer Str. 38
10115 Berlin
Tel. 030 / 782 50 75
E-Mail: Germany@ewmd.org
Internet: www.ewmd.org
Vernetzung und Weiterentwicklung von Frauen in Führungspositionen in Deutschland und Europa

Frauencoaching
Anja Kolberg
Zollstocksweg 9
50969 Köln
Tel. 0221 / 9483865
E-mail: anja.kolberg@frauencoaching.de
Internet: www.frauencoaching.de
Berufsworkshops und Coachings für Frauen

Netzwerk österreichischer Frauen- und Mädchenberatungsstellen
Stumpergasse 41-43/II/R3
A-1060 Wien
Tel. 0043 / 1 / 595 37 60
E-Mail: netzwerk@netzwerk-frauenberatung.at
Internet: www.netzwerk-frauenberatung.at
Kurse, Beratung, Vermittlung von Kontaktadressen

PFIFF
Frauenintiative Füssen
Bergblickstr. 17
87669 Rieden
Tel. 08362 / 5306
Vermittlung von Adressen im Allgäu

Kontakt-adresse

Gisela Haasen
Felix-Dahn-Straße 8
81925 München
Tel. 089 / 98 50 79
E-Mail: Gisela.Haasen@t-online.de